Voir l'opinion de Napoléon sur ce livre
dans celui d'Omeara :

Napoléon dans l'exil
ou voix de Ste Hélène.   par Barry O'Meara.
Londres 1823.   t. 2. p. 201.

Le titre primitif de ce livre était:

Manuscrit
Venu de Sainte Hélène

D'une manière inconnue

———

Plusieurs éditions en français
ont été publiées à Londres
depuis 1817.
La 3ᵉ est de 1817 — (151 pages)
(London - John Murray, Albemarle Street)

———

MANUSCRIT VENU DE SAINTE-HÉLÈNE

MANUSCRIT

VENU DE

SAINTE-HÉLÈNE

DÉDIÉ

A SA MAJESTÉ L'EMPEREUR

NAPOLÉON III

LYON

IMPRIMERIE D'AIMÉ VINGTRINIER

QUAI SAINT-ANTOINE, 36

—

1857

A SA

MAJESTÉ L'EMPEREUR NAPOLÉON III

Sire,

Ce manuscrit, venu de Sainte-Hélène en
1817, a été introduit en France clandesti-
nement. La Restauration sévissait alors rigoureusement contre tous ceux qui osaient

prononcer le nom de Napoléon, et qui avaient le courage de déplorer hautement l'affreux exil auquel était voué l'illustre prisonnier, et surtout la douleur morale que devait éprouver cette grande infortune, ainsi privée à jamais de toutes ses affections A plus forte raison était-il interdit de le défendre contre ses calomniateurs.

Soit crainte, soit oubli, la publication de ce document a dû être bien restreinte, puisqu'en ce moment il est difficile sinon impossible de se procurer ce manuscrit, qui n'a été copié que par quelques admirateurs dévoués de Napoléon, et pour lesquels tout ce qui pouvait émaner de sa personne avait un attrait sympathique.

Aujourd'hui, Sire, la France, reconnaissante de la prospérité dont elle jouit, entoure

Votre Majesté de toutes ses sympathies ; c'est à elle que nous devons d'occuper encore le premier rang parmi les nations européennes ; c'est, grâce à son puissant appui, que l'ordre et la tranquillité ont été successivement rétablis, que le travail a repris son cours, que la religion est respectée et que la France a pu enfin faire voir au monde entier combien elle était encore féconde en patriotisme, forte en soldats, riche en industrie et supérieure à toutes les nations en produits artistiques.

Aujourd'hui donc, la publicité la plus étendue peut être donnée sans crainte à ce manuscrit intéressant, et bien des Français le liront sans doute avec plaisir.

J'ai tout lieu d'espérer, Sire, que cet ouvrage obtiendra une grande popularité, et

que le riche et le pauvre, le soldat et l'ou-
vrier, l'industriel et l'agriculteur n'hésite-
ront pas à se le procurer.

Tous ont de la vénération pour le nom
de Napoléon, nom déjà si glorieux et auquel Votre Majesté ajoute chaque jour un
nouvel éclat.

J'ai fait suivre ce manuscrit de l'éloge fu-
nèbre prononcé sur la tombe de l'Empereur
par le grand-maréchal Bertrand, un de ses
plus fidèles serviteurs; ce sont de belles paroles émanant d'un cœur dévoué; j'ai pensé
qu'il était bon de donner à tout un peuple la
possibilité de posséder le dernier adieu fait à
Napoléon, et les dernières marques d'affection dont sa tombe fut entourée.

J'ai terminé cet ouvrage par un appel
préalable à la nation, relativement à l'érec-

tion d'un monument gigantesque qui, ainsi que les Pyramides, pourra donner aux générations à venir une idée de sa grandeur et sera, en même temps, un témoignage de sa reconnaissance pour celui qui n'est plus, et une belle œuvre à ajouter à toutes celles qu'a déjà faites Votre Majesté.

Ce monument, Sire, serait élevé sur l'emplacement où les restes de l'Empereur furent trop longtemps ensevelis ; depuis quelques années la France possède les cendres de Napoléon ; Votre Majesté, guidée par les nobles sentiments dont elle est constamment animée, a compris qu'il fallait, pour qu'il fût respecté, acquérir le coin de terre où s'écoulèrent les derniers jours du grand génie auquel la France a dû tant de gloire ; aujourd'hui elle en est possesseur. J'ai trouvé

un moyen de la faire participer en entier à
l'érection de ce monument; j'ai eu l'honneur
d'en adresser le projet à Son Excellence le
Ministre de l'Intérieur, j'en souhaite ardem-
ment la réalisation.

Permettez-moi, Sire, de dédier ce livre
à Votre Majesté. C'est un bien faible hommage qu'il me sera doux de lui voir bien
accueillir, en même temps que l'assurance
du profond respect

Avec lequel j'ai l'honneur d'être,

Sire,

Votre très-humble et dévoué serviteur,

Achille Du Bled.

Je n'écris pas des Commentaires, car les événements de mon règne sont assez connus et je ne suis pas obligé d'alimenter la curiosité publique. Je donne le précis des événements parce que mon caractère et mes intentions peuvent être étrangement défigurés et je tiens à paraître tel que j'ai été aux yeux de mon fils, comme aux yeux de la postérité.

C'est le but de cet écrit : je suis forcé d'employer une voie détournée pour le faire paraître, car s'il tombait dans les mains des ministres anglais, je sais, par expérience, qu'il resterait dans leurs bureaux.

MANUSCRIT

VENU

DE SAINTE-HÉLÈNE

Ma vie a été si étonnante que les admirateurs
de mon pouvoir ont pensé que mon enfance
même avait été extraordinaire : ils se sont
trompés. Mes premières années n'ont rien eu
de singulier. Je n'étais qu'un enfant obstiné et
curieux. Ma première éducation a été pitoyable,
comme tout ce qu'on faisait en Corse. J'ai appris assez facilement le français par les mili-

taires de la garnison avec lesquels j'ai passé mon temps. Je réussissais dans ce que j'entreprenais parce que je le voulais. Mes volontés étaient fortes et mon caractère décidé. Je n'hésitais jamais, ce qui m'a donné de l'avantage sur tout le monde ; la volonté dépend au reste de la trempe de l'individu : il n'appartient pas à chacun d'être maître chez lui.

Mon esprit me portait à détester les illusions; j'ai toujours discerné la vérité de plein saut, c'est pourquoi j'ai toujours vu mieux que d'autres le fond des choses. Le monde a toujours été pour moi dans le fait et non dans le droit : aussi je n'ai ressemblé à personne ; j'ai été par ma nature toujours isolé.

Je n'ai jamais compris quel parti je pourrais tirer des études, et dans le fait elles ne m'ont servi qu'à apprendre des méthodes. Je n'ai retiré quelque fruit que des mathématiques, le reste ne m'a été utile à rien, je n'étudiais que par amour-propre.

Mes facultés intellectuelles prenaient cependant leur essor sans que je m'en mêlasse ; elles ne consistaient que dans une grande mobilité des fibres de mon cerveau. Je pensais plus vite que les autres, en sorte qu'il m'est toujours resté du temps pour réfléchir. C'est en cela qu'a consisté ma profondeur.

Ma tête était trop active pour m'amuser avec les divertissements ordinaires de la jeunesse. Je n'y étais pas totalement étranger, mais je cherchais ailleurs de quoi m'intéresser. Cette disposition me plaçait dans une espèce de solitude où je ne trouvais que mes propres pensées. Cette manière d'être m'a été habituelle dans toutes les situations de ma vie.

Je me plaisais à résoudre des problèmes ; je les cherchai dans les mathématiques, mais j'en

eus bientôt assez, parce que l'ordre matériel
en est extrêmement borné. Je les cherchai
dans l'ordre moral, c'est le travail qui m'a le
mieux réussi. Cette recherche est devenue chez
moi une disposition habituelle ; je lui ai dû les
grands pas que j'ai toujours fait faire à la politique et à la guerre.

Ma naissance me destinait au service, c'est
pourquoi j'ai été placé dans les écoles militaires. J'obtins une lieutenance au commencement de la Révolution. Je n'ai jamais reçu de
titre avec autant de plaisir que celui-là. Le
comble de mon ambition se bornait alors à une
épaulette à bouillons sur chacune de mes épaules. Un colonel d'artillerie me paraissait le *ner
plus ultra* de la grandeur humaine.

J'étais trop jeune, dans ce temps, pour mettre
de l'intérêt à la politique : je ne jugeais pas encore de l'homme en masse ; aussi, je n'étais ni

surpris ni effrayé des désordres qui régnaient à cette époque, parce que je n'avais pu la comparer à aucune autre ; je m'accommodais de ce que je trouvais, je n'étais pas encore difficile.

On m'employa dans l'armée des Alpes. Cette armée ne connaissait ni la discipline ni la guerre. J'étais à mauvaise école. Il est vrai que nous n'avions pas d'ennemis à combattre. Nous n'étions chargés que d'empêcher les Piémontais de passer les Alpes, et rien n'était si facile.

L'anarchie régnait dans nos cantonnements ; le soldat n'avait aucun respect pour l'officier ; l'officier n'avait aucun respect pour le général ; ceux-ci étaient, tous les matins, destitués par les représentants du peuple. L'armée n'accordait qu'à ces derniers l'idée du pouvoir, la plus forte sur l'esprit humain. J'ai senti alors le danger de l'influence civile sur le militaire, et j'ai su m'en garantir. Ce n'était pas le talent mais la loyauté qui donnait du crédit dans l'armée ; tout y dépendait de la faveur populaire qu'on obtenait avec des vociférations.

Je n'ai jamais eu avec la multitude cette communauté de sentiments qui produit l'éloquence des rues ; je n'ai jamais eu le talent d'émouvoir le peuple, aussi je ne jouais aucun rôle dans cette armée, j'en avais mieux le temps de réfléchir.

J'étudiais la guerre, non sur le papier mais sur le terrain. Je me trouvai pour la première fois au feu, dans une petite affaire de tirailleurs du côté du Mont-Genèvre ; les balles étaient clair-semées ; elles ne firent que de blesser quelques-uns de nos gens.

Je n'éprouvai pas d'émotion, cela n'en valait pas la peine. J'examinai l'action, il me parut évident qu'on n'avait des deux côtés aucune

intention de donner un résultat à cette affaire.
On se tiraillait seulement pour l'acquit de sa
conscience et parce que c'est l'usage à la guerre.
Cette nullité d'objet me déplut, la résistance
me donna de l'humeur, je reconnus notre terrain, je pris le fusil d'un blessé et j'engageai
un bonhomme de capitaine qui nous commandait à nourrir son feu pendant que j'irais avec
une douzaine d'hommes couper la retraite
des Piémontais. Il m'avait paru facile d'atteindre une hauteur qui dominait leur position,
en passant par un bouquet de sapins sur lequel notre gauche s'appuyait. Notre capitaine
s'échauffe ; sa troupe gagne du terrain ; elle
nous renvoie l'ennemi, et lorsqu'il fut ébranlé
je démasquai mes gens. Notre feu gêna sa retraite ; nous lui fîmes quelques morts et vingt
prisonniers ; le reste se sauva.

J'ai raconté mon premier fait d'armes, non

parce qu'il me valut le grade de capitaine, mais parce qu'il m'initia au secret de la guerre. Je m'aperçus qu'il était plus facile qu'on ne croit de battre l'ennemi, et que ce grand art consiste à ne pas tâtonner dans l'action et surtout à ne tenter que des mouvements décisifs, parce que c'est ainsi qu'on enlève le soldat.

J'avais gagné mes éperons, je me croyais de l'expérience ; d'après cela, je me sentis beaucoup d'attrait pour un métier qui me réussissait si bien. Je ne pensais qu'à cela, et je me donnais à résoudre tous les problèmes qu'un champ de bataille peut offrir. J'aurais voulu étudier aussi la guerre dans les livres, mais je n'en avais point. Je cherchais à me rappeler le peu que j'avais lu dans l'histoire et je comparais ces récits avec le tableau que j'avais sous les yeux. Je me suis fait ainsi une théorie de la guerre

que le temps a développée, mais n'a jamais
démentie. Je menai cette vie insignifiante jusqu'au siége de Toulon. J'étais alors chef de
bataillon et comme tel je pus avoir quelque
influence sur le succès de ce siége. Jamais
armée ne fut plus mal menée que la nôtre ; on
ne savait pas qui commandait. Les généraux ne
l'osaient pas de peur des représentants du peuple ; ceux-ci avaient encore plus peur du Comité
de salut public. Les commissaires pillaient ; les
officiers buvaient ; les soldats mouraient de
faim, mais ils avaient de l'insouciance et du
courage : ce désordre même leur inspirait plus
de bravoure que la discipline ; aussi suis-je resté
convaincu que les armées mécaniques ne valaient rien ; elles nous l'ont prouvé.

Tout se faisait au camp par motions et par
acclamations ; cette manière de faire m'était in-
supportable ; mais je ne pouvais pas l'empêcher et

j'allais à mon but sans m'en embarrasser.

J'étais peut-être le seul dans l'armée qui eût un but ; mais mon goût était d'en mettre un au bout de tout. Je ne m'occupais que d'examiner la position de l'ennemi et la nôtre ; je comparais ses moyens moraux et les nôtres ; je vis que nous les avions tous et qu'ils n'en avaient point. Son expédition était un misérable coup de tête dont il devait prévoir d'avance la catastrophe, et l'on est bien faible quand on prévoit d'avance sa déroute. Je cherchai les meilleurs points d'attaque, je jugeai la portée de nos batteries, j'indiquai les positions où il fallait les placer. Les officiers expérimentés les trouvèrent trop dangereuses, mais on ne gagne pas de batailles avec de l'expérience ; je m'obstinai, j'exposai mon plan à Barras : il avait été marin ; ces braves gens n'entendent rien à la guerre, mais ils ont de l'intrépidité. Barras l'approuva parce qu'il voulait en lieur ; d'ailleurs la Convention ne lui demandait pas compte des bras et des jambes. mais des succès.

Nos artilleurs étaient braves et sans expérience, c'est la meilleure de toutes les dispositions ; l'ennemi s'intimidait ; il n'osait plus rien entreprendre contre nous. Il nous envoyait bêtement des boulets qui tombaient où ils pouvaient et ne servaient à rien ; les feux que je dirigeais allaient mieux au but ; j'y mettais beaucoup de zèle, parce que j'en attendais mon avancement : j'aimais d'ailleurs le succès pour lui-même ; je passais mon temps aux batteries ; je dormais dans nos épaulements : on ne fait bien que ce qu'on fait soi-même. Les prisonniers nous apprenaient que tout allait au diable dans la place ; on l'évacue enfin d'une manière effroyable. Nous avions bien mérité de la patrie. On me fit général de brigade. Je fus employé, dénoncé, destitué, ballotté par les intrigues et les factions. Je pris en horreur l'anarchie qui était alors à son comble, et je ne me suis jamais raccommodé avec elle. Ce gouvernement massacreur m'était d'autant plus antipathique qu'il était absurde et se dévorait lui-même ; c'était une révolution perpétuelle, dont les meneurs ne cherchaient pas seulement à s'établir d'une manière permanente.

Général, mais sans emploi, je fus à Paris parce qu'on ne pouvait en obtenir que là ; je m'attachai à Barras parce que je n'y connaissais que lui. Robespierre était mort ; Barras jouait un rôle ; il fallait bien m'attacher à quelqu'un et à quelque chose.

L'affaire des sections se préparait ; je n'y mettais pas grand intérêt parce que je m'occupais moins de politique que de guerre. Je ne pensais pas à jouer un rôle dans cette affaire, mais Barras me proposa de commander sous lui la force armée contre les insurgés. Je préférai, en qualité de général, d'être à la tête des troupes plutôt qu'à me jeter dans les rangs des sections où je n'avais rien à faire.

Nous n'avions, pour garder la salle du manége, qu'une poignée d'hommes et deux pièces de quatre. Une colonne de sectionnaires vint nous attaquer pour son malheur. Je fis mettre le feu à mes pièces ; les sectionnaires se sauvèrent ! je les fis suivre ; ils se jetèrent sur les jardins de Saint-Roch. On n'avait pu passer qu'une pièce de canon tant la rue était étroite. Elle fit feu sur cette colonne qui se dispersa en laissant quelques morts : le tout fut terminé en dix minutes.

Cet événement si petit en lui-même eut de grandes conséquences ; il empêcha la Révolution de rétrograder. Je m'attachai naturellement au parti pour lequel je venais de me battre, et je me trouvai lié à la cause de la Révolution ; je commençais à la mesurer et je restai convaincu qu'elle serait victorieuse, parce qu'elle avait pour elle l'opinion, le nombre et l'audace.

L'affaire des sections m'éleva au grade de général de division et me valut une sorte de célébrité. Comme le parti vainqueur était inquiet de la victoire, il me garda à Paris malgré moi, car je n'avais d'autre ambition que celle de faire la guerre dans mon nouveau grade. Je restai donc désœuvré sur le pavé de Paris ; je n'y avais pas de relations ; je n'avais aucune habitude de la société, et je n'allais que dans celle de Barras où j'étais bien reçu. C'est là que j'ai vu pour la première fois une femme qui a eu une grande influence sur ma vie, et dont la mémoire me sera toujours chère.

Je n'étais pas insensible aux charmes des femmes, mais jusqu'alors elles ne m'avaient pas gâté, et mon caractère me rendait timide auprès d'elles.

Madame de Beauharnais est la première qui m'ait rassuré ; elle m'adressa des choses flatteuses sur mes talents militaires. Un jour, où je me trouvais placé auprès d'elle, cet éloge m'enivra ; je m'adressais continuellement à elle ; je la suivais partout ; j'en étais passionnément amoureux, et notre société le savait déjà que j'étais bien loin d'oser le lui dire. Mon sentiment s'ébruita, Barras m'en parla, je n'avais pas de raison pour le nier ; en ce cas, me dit-il, il faut que vous épousiez Madame de Beauharnais ; vous avez un grade, des talents à faire valoir, mais vous êtes isolé, sans fortune, sans relations, il faut qu'on vous marie, cela donne de l'aplomb. Madame de Beauharnais est agréable, spirituelle, mais elle est veuve, cet état ne vaut plus rien aujourd'hui ; les femmes ne jouent plus de rôle ; ils faut qu'elles se marient pour avoir de la consistance. Vous avez du caractère ; vous ferez votre chemin ; vous lui convenez ; voulez-vous me charger de cette négociation ?

J'attendis la réponse avec anxiété ; elle fut favorable ; madame de Beauharnais m'accorda sa main et s'il y a eu des moments de bonheur dans ma vie, c'est à elle que je les ai dus.

Mon attitude dans le monde changea après mon mariage. Il s'était refait, sous le Directoire, une manière d'ordre social dans lequel j'avais pris une place assez élevée ; l'ambition devenait raisonnable chez moi, je pouvais aspirer à tout.

En fait d'ambition je n'en avais pas d'autre que celle d'obtenir un commandement en chef. Je croyais être sûr de faire la mienne, car je me sentais l'instinct de la guerre ; mais je n'avais pas de droits fondés pour faire une pareille demande ; il fallait me les donner ; dans ce temps-là il n'était pas difficile.

L'armée d'Italie était au rebut parce qu'on ne l'avait destinée à rien. Je pensai à la mettre en mouvement pour attaquer l'Autriche sur le point où elle avait le plus de sécurité, c'est-à-dire en Italie.

Le Directoire était en paix avec la Prusse et l'Espagne, mais l'Autriche, soldée par l'Angleterre, fortifiait son état militaire et nous tenait tête sur le Rhin. Il était évident que nous devions faire une diversion en Italie pour ébranler l'Autriche, pour donner une leçon aux petits princes d'Italie qui s'étaient ligués contre nous, pour donner enfin une couleur décidée à la guerre, qui n'en avait point jusqu'alors.

Le plan était si simple, il convenait si bien au Directoire, parce qu'il avait besoin de succès pour faire son crédit, que je me hâtai de le présenter de peur d'être prévenu. Il n'éprouva point de contradiction, et je fus nommé général en chef de l'armée d'Italie. Je partis pour la joindre. Elle avait reçu quelques renforts de l'armée d'Espagne, et je la trouvai forte de cinquante mille hommes dépourvus de tout, si ce n'est de bonne volonté. J'allai la mettre à l'épreuve peu de jours après mon arrivée ; j'ordonnai un mouvement général sur toute la ligne ; elle s'étendait de Nice jusqu'à Savonne. C'était au commencement d'avril 1796.

En trois jours nous enlevâmes tous les postes austro-sardes qui défendaient les hauteurs de la Ligurie. L'ennemi attaqué brusquement se rassembla; nous le rencontrâmes, le 10, à Montenotte ; il fut battu ! Le 14 nous l'attaquâmes à Millesimo ; il fut encore battu, et nous séparâmes les Autrichiens des Piémontais. Ceux-ci vinrent prendre position à Mondovi, tandis que les Autrichiens se retiraient sur le Pô, pour couvrir la Lombardie.

Je battis les Piémontais ; en trois jours je m'emparai de toutes les positions du Piémont, lorsque je reçus un aide-de-camp qui venait me demander la paix.

Je me regardai alors, pour la première fois, non plus comme un simple général, mais comme un homme destiné à influer sur le sort des peuples, je me vis dans l'histoire.

Cette paix changeait mon plan ; il ne s'agissait plus de faire la guerre à l'Italie, mais de la conquérir. Je sentais qu'en élargissant le terrain de la Révolution, je donnerais une base plus solide à son édifice, c'était le meilleur moyen d'assurer son succès.

La cour de Piémont nous avait cédé toutes ses places fortes. Elle nous avait remis ses pays; nous étions maîtres, par là, des Alpes et des Apennins; nous étions assurés de nos points d'appui et tranquilles sur notre retraite.

Dans une si belle position, j'allai attaquer les Autrichiens; je passai le Pô à Plaisance et l'Adige à Lodi. Ce ne fut pas sans peine, mais Beaulieu se retira et j'entrai dans Milan.

Les Autrichiens firent des efforts incroyables pour reprendre l'Italie; je fus obligé de défaire cinq fois leurs armées pour en venir à bout.

Maître de l'Italie, il fallait y établir le système de la Révolution, afin d'attirer ce pays à la France, par des principes et des intérêts communs; c'est-à-dire qu'il fallait y détruire l'ancien régime, pour y établir l'égalité, parce qu'elle est la cheville ouvrière de la Révolution. J'allais donc avoir sur les bras le clergé, la noblesse et tout ce qui vivait à leurs tables. J'y prévoyais des résistances, et je résolus de les vaincre par l'autorité des armes et sans écraser le peuple.

J'avais fait de grandes actions, mais il fallait prendre une attitude et un langage analogues. La Révolution avait détruit chez nous toute espèce de dignité, je ne pouvais pas rendre à la France une pompe royale, je lui donnai le lustre des victoires et le langage du maître.

Je voulais devenir le protecteur de l'Italie et non son conquérant; j'y suis parvenu en maintenant la discipline, en punissant sévèrement les révoltes et surtout en instituant la république cisalpine : par cette institution, je satisfaisais le vœu prononcé des Italiens, celui d'être indépendants; je leur donnai ainsi de grandes espérances; il ne dépendait que d'eux de les réaliser en se liant à notre cause;

c'était des alliés que je donnais à la France.

Cette alliance durera longtemps entre les deux peuples, parce qu'elle est fondée sur des services et des intérêts communs. Ces deux peuples ont les mêmes opinions et les mêmes mobiles ; ils auraient conservé, sans moi, leur vieille inimitié.

Sûr de l'Italie, je ne craignis pas de m'aventurer jusqu'au centre de l'Autriche ; j'arrivai jusqu'à la vue de Vienne, et je signai là la paix de Campo-Formio ; ce fut un acte glorieux pour la France.

Le parti que j'avais favorisé, au 18 fructidor, était resté maître de la république. Je l'avais favorisé parce que c'était le mien et parce que c'était le seul qui pût faire marcher la Révolution. Or, plus je m'étais mêlé des affaires, plus je m'étais convaincu qu'il fallait achever cette révolution, parce qu'elle était le fruit du siècle et des opinions ; tout ce qui retardait sa marche ne servait qu'à prolonger la crise.

La paix était faite sur le continent ; nous n'étions plus en guerre qu'avec l'Angleterre ; mais, faute de champs de bataille, cette guerre nous laissait dans l'inaction.

J'avais la conscience de mes moyens ; ils étaient de nature à me mettre en évidence, mais ils n'avaient point d'emploi. Je savais cependant qu'il fallait fixer l'attention pour rester en vue et qu'il fallait tenter, pour cela, des choses extraordinaires, parce que les hommes savent gré de les étonner. C'est en vertu de cette opinion que j'ai imaginé l'expédition d'Egypte. On a voulu l'attribuer à de profondes combinaisons de ma part ; je n'en avais pas d'autre que de ne pas rester oisif après la paix que je venais de conclure.

Cette expédition devait donner une grande

idée de la puissance de la France ; elle devait attirer l'attention sur son chef ; elle devait surprendre l'Europe par sa hardiesse ; c'était plus de motifs qu'il n'en fallait pour la tenter, mais je n'avais pas alors la moindre envie de détrôner le grand Turc ni de me faire pacha.

Je préparai le départ dans un profond secret ; il était nécessaire au succès ; il ajoutait au caractère singulier de l'expédition.

La flotte mit à la voile ; j'étais obligé de détruire, en passant, cette gentilhommière de Malte parce qu'elle ne servait qu'aux Anglais. Je craignais que quelque vieux levain de gloire ne portât ces chevaliers à se défendre et à me retarder ; ils se rendirent, par bonheur, plus honteusement que je ne m'en étais flatté.

La bataille d'Aboukir détruisit la flotte et livra la mer aux Anglais. Je compris, dès ce moment, que l'expédition ne pouvait se terminer que par une catastrophe, car toute armée qui ne se recrute pas, finit toujours par capituler, un peu plus tôt un peu plus tard.

Il fallait, en attendant, rester en Égypte, parce qu'il n'y avait pas moyen d'en sortir. Je me décide à faire bonne mine à mauvais jeu, j'y réussis assez bien.

J'avais une belle armée, il fallait l'occuper, et j'achevai la conquête de l'Egypte, pour employer son temps à quelque chose ; j'ai livré par là, aux sciences, les plus beaux champs qu'elles ayent jamais exploités.

Nos soldats étaient un peu surpris de se trouver dans l'héritage de Sésostris ; mais ils prirent bien la chose, et il était si étrange de voir un Français au milieu de ces ruines, qu'ils s'en amusaient eux-mêmes.

N'ayant plus rien à faire en Égypte, il me paraissait curieux d'aller en Palestine et d'en tenter la conquête. Cette expédition avait quelque chose de fabuleux, je m'y laissai séduire ; je fus mal instruit des obstacles qu'on m'opposerait et je ne pris pas assez de troupes avec moi.

Parvenu au-delà du désert, j'appris qu'on avait rassemblé des forces à Saint-Jean-d'Acre ; je ne pouvais pas les mépriser, il fallut y marcher. La place était défendue par un ingénieur français ; je m'en aperçus à la résistance ; il fallut lever le siége, la retraite fut pénible ; je luttais pour la première fois contre les éléments, mais nous n'en fûmes pas vaincus.

De retour en Egypte, je reçus les journaux par la voie de Tunis. Ils m'apprirent l'état déplorable de la France, l'avilissement du Directoire et le succès de la coalition. Je crus pouvoir servir mon pays une seconde fois, aucun motif ne me retenait en Egypte, c'était

une entreprise épuisée, tout général était bon
pour signer une capitulation que le temps ren-
drait inévitable et je partis, sans autre dessein
que celui de reparaître à la tête des armées
pour y ramener la victoire.

Débarqué à Fréjus, ma présence excita l'enthousiasme des peuples ; ma gloire militaire
rassurait tous ceux qui avaient peur d'être
battus ; c'était une affluence sur mon passage :
mon voyage eut l'air d'un triomphe, et je compris, en arrivant à Paris, que je pouvais tout en
France.

La faiblesse du gouvernement l'avait mis à
deux doigts de sa perte ; j'y trouvai l'anarchie ;
tout le monde voulait sauver la patrie et pro-
posait des plans en conséquence ; on venait
m'en faire confidence ; j'étais le pivot des cons-
pirations, mais il n'y avait pas un homme à la
tête de ces projets qui fût capable de les

mener. Ils comptaient tous sur moi, parce qu'il leur fallait une épée, je ne comptai sur personne et je fus maître de choisir le plan qui me convenait le mieux.

La fortune me portait à la tête de l'État, j'allais m'en trouver maître, car je ne voulais pas en être le chef; ce rôle ne me convenait pas. J'étais donc appelé à préparer le sort de la France, et peut-être celui du monde.

Mais il fallait auparavant faire la guerre, faire la paix et assoupir les factions, fonder mon autorité. Il fallait remuer cette grosse machine qu'on appelle gouvernement. Je connaissais le poids de ces résistances et j'aurais préféré alors le simple métier de la guerre, car j'aimais l'autorité du quartier-général et l'émotion du champ de bataille; je me sentais enfin, dans ce moment, plus de dispositions pour relever l'ascendant militaire de la France que pour la gouverner.

Mais je n'avais pas de choix dans ma destination, car il m'était facile de voir que le règne du Directoire touchait à sa fin, qu'il fallait mettre à sa place une autorité imposante pour sauver l'État, parce qu'il n'y a de vraiment imposant que le militaire. Le Directoire ne pouvant donc être remplacé que par moi ou par l'anarchie, ce choix de la France n'était pas douteux, l'opinion publique éclairait à cet égard la mienne.

Je proposai de remplacer le Directoire par un Consulat, tellement j'étais éloigné alors de concevoir l'idée d'un pouvoir souverain. Les républicains proposèrent d'élire deux consuls : j'en demandai trois, parce que je ne voulais pas être appareillé. Le premier rang m'appartenait de droit dans cette trinité, c'était tout ce que je voulais.

Vaincus, les républicains se délièrent de ma proposition, ils entrevirent un élément de dictature dans ce triumvirat : ils se liguèrent contre moi ; la présence même de Sieyès ne pouvait les rassurer. Il s'était chargé de faire une constitution, mais les Jacobins redoutaient plus mon épée qu'ils ne se fiaient à la plume de leur vieux abbé. Tous les partis se rangèrent alors sous deux bannières : d'un côté se trouvaient les républicains, qui s'opposaient à mon élévation : de l'autre étaient tous les Français qui la demandaient. Elle était inévitable à cette époque parce que la majorité finit par l'emporter. — Les premiers avaient établi leur quartier général dans le Conseil des 500 : ils firent une belle défense ; il fallut gagner la bataille de Saint-Cloud pour achever cette révolution ; j'avais cru un moment qu'elle se ferait par acclamation.

Le vœu public venait de me donner la première place de l'État ; la résistance qu'on avait
opposée ne m'inquiétait pas, parce qu'elle ne
venait que de gens flétris par l'opinion.

Les royalistes n'avaient pas paru : ils avaient
été pris dans le temps. La masse de la nation
avait confiance en moi, car elle savait bien
que la Révolution ne pouvait pas avoir de
meilleure garantie que la mienne. Je n'avais
de force qu'en me plaçant à la tête des intérêts
qu'elle avait créés, puisqu'en la faisant rétrograder, je me serais retrouvé sur le terrain des
Bourbons. Il fallait que tout fût neuf, dans la
nature de mon pouvoir, afin que toutes les
ambitions y trouvassent de quoi vivre, mais il
n'y avait rien de défini dans sa nature et c'était
son défaut.

Je n'étais, par la constitution, que le premier
magistrat de la république ; mais j'avais une

épée pour bâton de commandement ; il y avait incompatibilité entre mes droits constitutionnels et l'ascendant que je tenais de mon caractère et de mes actions ; le public le sentait comme moi, la chose ne pouvait pas durer ainsi et chacun prenait des mesures en conséquence.

Je trouvais des courtisans plus que je n'en avais besoin ; on faisait queue, aussi n'étais-je nullement en peine du chemin que faisait mon autorité ; mais je l'étais beaucoup de la situation matérielle de la France. Nous nous étions laissés battre ; les Autrichiens avaient reconquis l'Italie et détruit mon ouvrage ; nous n'avions plus d'armée pour reprendre l'offensive. Il n'y avait pas un sol dans les caisses et aucun moyen de les remplir. La conscription ne s'exécutait que sous le bon plaisir des maires. — Sieyès nous avait fait une constitution paresseuse, bavarde, qui entravait tout ; tout ce qui

constitue la force dans un état était anéanti ;
il ne subsistait que ce qui fait sa faiblesse.
Forcé par ma position, je crus devoir demander
la paix, je le pouvais alors de bonne foi, puisqu'elle était une fortune pour moi, plus tard
elle n'eût été qu'une ignominie. M. Pitt la refusa
et jamais homme d'état n'a fait une plus lourde
faute ; car ce moment a été le seul où les alliés
auraient pu la conclure avec sécurité : car la
France en demandant la paix se reconnaissait
vaincue et les peuples se relevaient de tous les
revers, si ce n'est de consentir à leur opprobre.

M. Pitt la refusa, il m'a sauvé d'une grande
faute et il a étendu l'empire de la Révolution
sur toute l'Europe, — empire que ma chute
n'est pas même parvenue à détruire ; il l'aurait
bornée à la France, s'il avait voulu alors la
laisser à elle-même.

Il me fallut donc faire la guerre.

Masséna se défendait dans Gênes ; mais les armées de la République n'osaient plus repasser ni le Rhin ni les Alpes. Il fallait donc rentrer en Italie et en Allemagne pour dicter une seconde fois la paix à l'Autriche, tel était mon plan ; mais je n'avais ni soldats, ni canons, ni fusils.

J'appelai les conscrits, je fis forger des armes ; je réveillai le sentiment de l'honneur national qui n'est jamais qu'assoupi chez les Français ; je ramassai une armée, la moitié ne portait que des habits de paysans, l'Europe riait de mes soldats ; elle a payé chèrement ce moment de plaisir.

On ne pouvait cependant entreprendre ouvertement une campagne avec une telle armée, il fallait au moins étonner l'ennemi et profiter de sa surprise. Le général Suchet l'attirait vers les gorges de Nice ; Masséna prolongeait, jour à jour, la défense de Gênes : je pars ; je m'avance vers les Alpes : ma présence, la grandeur de l'entreprise ranimèrent les soldats ; ils n'avaient pas de souliers ; mais ils semblaient tous marcher à l'avant-garde.

Dans aucun temps de ma vie je n'ai éprouvé de sentiment pareil à celui que je sentis en pénétrant dans les gorges des Alpes. Les échos retentissaient des cris de l'armée ; ils m'annonçaient une victoire incertaine mais probable. J'allais revoir l'Italie, théâtre de mes premières armes ; mes canons gravissaient lentement ces rochers ; mes premiers grenadiers atteignirent enfin la cime du Saint-Bernard. Ils jetèrent en l'air leurs chapeaux garnis de plumets rouges en jetant des cris de joie. Les Alpes étaient franchies et nous débordâmes comme un torrent. Le général Lasne commandait l'avant-garde, il courut prendre Ivrée, Versoix, Pavie et s'assura du passage du Pô : toute l'armée le passa sans obstacles. — Nous étions tous jeunes dans ce temps ; soldats et généraux, nous avions notre fortune à faire, nous comptions les fatigues pour rien, les dangers pour moins encore. Nous étions insouciants sur tout, si ce n'est pour la gloire qui ne s'obtient que sur les champs de bataille.

Au bruit de mon arrivée, les Autrichiens manœuvrèrent sur Alexandrie. Accumulées dans cette place au moment où je parus devant les murs, leurs colonnes vinrent se déployer en avant de la Bormida ; je les fis attaquer ; leur artillerie était supérieure à la mienne, elle ébranla nos jeunes bataillons, ils perdirent du terrain. La ligne n'était conservée que par deux bataillons de la garde et par le 45me, mais j'attendais des corps qui marchaient en échelons. La division de Desaix arrive ; toute la ligne se rallie. Desaix forme la colonne d'attaque et enlève le village de Marengo où s'appuyait le centre de l'ennemi. Ce grand général fut tué au moment où il enlevait une immortelle victoire.

L'ennemi se jeta sur les remparts d'Alexandrie. Les ponts étaient trop étroits pour les recevoir, une bagarre affreuse s'y passa. Nous prenions des masses d'artillerie et des bataillons entiers refoulés au-delà du Tanaro, sans communications, sans retraite, menacés sur leurs derrières par Masséna et par Suchet, n'ayant en front qu'une armée victorieuse. Les Autrichiens reçurent la loi. Mélas implora une capitulation; elle fut inouïe dans les fastes de la guerre. L'Italie entière me fut restituée. Cette armée vaincue vint déposer ses armes aux pieds de nos conscrits.

Ce jour a été un des plus beaux de ma vie;

car il a été un des plus beaux pour la France.
Tout était changé pour elle ; elle allait jouir
d'une paix qu'elle avait conquise ; elle s'endor-
mait comme un lion ; elle allait être heureuse
parce qu'elle était grande.

Les factions semblaient se taire, tant l'éclat
les étouffait. La Vendée se pacifiait, les Jacobins
étaient forcés de me remercier de ma victoire,
car elle était à leur profit : je n'avais plus de
rivaux.

Le danger commun et l'enthousiasme public
avaient rallié momentanément tous les partis, la
sécurité les divisa. Partout où il y a un centre
de pouvoir incontestable il se trouve des
hommes qui espèrent l'attirer à eux ; c'est ce
qui arriva au mien ; mon autorité n'était qu'une
magistrature temporaire , elle n'était donc pas
inébranlable.

Les gens qui avaient de la vanité et qui se

croyaient du talent, commencèrent une campagne contre moi. Ils choisirent le Tribunat
pour leur place d'armes ; là, ils se mirent à
m'attaquer sous le nom de Pouvoir exécutif.

Si j'avais cédé à leurs déclamations, c'en était
fait de l'Etat. Il avait trop d'ennemis pour di-
viser ses forces et perdre son temps en paroles,
on venait d'en faire une rude épreuve ; mais
elle n'avait pas suffi pour faire taire cette espèce d'hommes qui préfèrent les intérêts de
leur vanité à ceux de la patrie ; ils s'amusèrent,
pour faire leur popularité, à refuser les impôts,
à décrier le gouvernement, à entraver sa
marche ainsi que le recrutement des troupes.

Avec ces manières là, nous aurions été, en
quinze jours, la proie de l'ennemi. Nous n'étions
pas encore à le hasarder ; mon pouvoir était
trop neuf pour être inaltérable. Le Consulat
allait finir comme le Directoire, si je n'avais

pas détruit cette opposition par un coup d'état. Je renvoyai les tribuns factieux. On appela cela éliminer ; le mot fit fortune. Ce petit événement, qu'on a sûrement oublié aujourd'hui, changea la constitution de la France, parce qu'il me fit rompre avec la République ; car il n'y en avait plus du moment que la représentation nationale n'était plus sacrée. Ce changement était forcé dans la situation où je trouvais la France vis-à-vis de l'Europe et d'elle-même ; la Révolution avait des ennemis trop acharnés au dedans et au dehors, pour qu'elle ne fût pas forcée d'adopter une forme dictatoriale, comme toutes les républiques dans les moments de danger. Les autorités à contre-poids ne sont bonnes qu'en temps de paix. Il fallait renforcer, au contraire, celle qu'on m'avait confiée chaque fois qu'elle avait couru un danger, afin de prévenir les rechutes.

J'aurais peut-être mieux fait d'obtenir franchement cette dictature, puisqu'on m'accusait d'y
aspirer. Chacun aurait jugé de ce qu'on appelait
mon ambition ; cela aurait je crois mieux valu,
car les monstres sont plus gros de loin que
de près. La dictature aurait eu l'avantage de
ne rien préjuger pour l'avenir, — de laisser
les opinions dans leur entier, et d'intimider
l'ennemi en lui montrant la résolution de la
France. Mais je m'apercevais que cette autorité
venait d'elle-même se placer dans mes mains,
— je n'avais donc pas besoin de la recevoir
officiellement, elle s'exerçait de fait et non de
droit, elle suffisait pour passer la crise et
sauver la France et la Révolution.

Ma tâche était donc de terminer cette révolution en lui donnant un caractère légal, afin
qu'elle pût être reconnue et légitimée par le
droit public de l'Europe. Toutes les révolutions

ont passé par les mêmes combats ; la nôtre ne pouvait en être exempte ; mais elle devait à son tour prendre son droit de bourgeoisie.

Je savais qu'avant de le proposer, il fallait en arrêter les principes , en consolider la législation et en détruire les excès ; je me crus assez fort pour y réussir, et je ne me trompais pas.

Le principe de la Révolution était l'extinction des castes, c'est-à-dire l'égalité, je l'ai respecté ; la législation devait en régler les principes, j'ai fait des lois dans cet esprit. Les excès se montraient dans l'existence des factions ; — je n'en ai pas tenu compte et elles ont disparu. Ils se montraient dans la destruction du culte, je l'ai rétabli ; dans l'existence des émigrés , je les ai rappelés ; dans le désordre général de l'administration , je l'ai réglé ; dans la ruine des finances , je les ai restaurées ; dans l'absence d'une autorité capable de contenir la France,

je lui ai donné cette autorité en prenant les
rênes de l'État.

Peu d'hommes ont fait autant de choses que
j'en ai faites alors, en aussi peu de temps.
L'histoire dira, un jour, ce qu'était la France à
mon avénement et ce qu'elle était quand elle a
donné la loi à l'Europe. Je n'ai pas eu besoin
d'employer un pouvoir arbitraire pour accom-
plir ces immenses travaux. On ne m'en aurait
peut-être pas refusé l'exercice, mais je n'en
aurais pas voulu, parce que j'ai toujours détesté
l'arbitraire en tout. J'aimais l'ordre et les lois.
J'en ai fait beaucoup, je les ai faites sévères et
précises, mais justes, parce qu'une loi qui ne
connaît pas d'exemption est toujours juste : je
les ai fait observer rigoureusement, parce que
c'est le devoir du trône ; mais je les ai respec-
tées ; elles me survivront, c'est la récompense
de mes travaux.

Tout semblait marcher à souhait, l'État se recréait ; l'ordre s'y rétablissait ; je m'en occupais avec ardeur, mais je sentais qu'il manquait une chose à tout ce système : c'était du définitif.

Quel que fût mon désir de faire à la Révolution un établissement stable, je voyais clairement que je ne pouvais y parvenir qu'après avoir vaincu de grandes résistances ; car il y a antipathie nécessaire entre les anciens et les nouveaux régimes. Ils formaient deux masses dont les intérêts étaient précisément en sens inverse. Tous les gouvernements, qui subsistaient encore en vertu de l'ancien droit public, se voyaient exposés par le principe de la Révolution ; et celle-ci n'avait de garantie qu'en traitant avec l'ennemi, ou en l'écrasant s'il refusait de le reconnaître.

Cette lutte devait décider en dernier ressort du renouvellement de l'ordre social de l'Europe.

J'étais à la tête de la grande faction qui voulait anéantir le système sur lequel roulait le monde depuis la chute des Romains. Comme tel, j'étais en butte à la haine de tout ce qui avait intérêt à conserver cette rouille gothique. Un caractère moins entier que le mien aurait pu louvoyer pour laisser une partie de cette question à décider au temps.

Mais dès que j'eus vu le fond du cœur de ces deux factions ; dès que j'eus vu qu'elles partageaient le monde comme au temps de la réformation, je compris que tout pacte était impossible entre elles, parce qu'elles se froissaient trop ; je compris que plus on abrégerait la crise, mieux les peuples s'en trouveraient. Il fallait avoir pour nous la moitié, plus un, de l'Europe, afin que la balance penchât de notre côté ; je ne pouvais disposer de ce poids qu'en vertu de la loi du plus fort, parce que c'est la seule qui ait cours entre les peuples ; il fallait donc que je fusse le plus fort de toute nécessité, car je n'étais pas seulement chargé de gouverner la France, mais de lui soumettre le monde sans quoi le monde l'aurait anéantie. Je n'ai jamais eu le choix dans les partis que j'ai pris, ils ont toujours été commandés par les événements, parce que le danger était toujours imminent, et le 31 mars a prouvé à quel point il était à redouter et s'il était facile de faire vivre en paix les vieux et les nouveaux régimes.

Il m'était donc aisé de prévoir que tant qu'il y aurait parité de forces entre les deux systèmes, il y aurait entre eux guerre ouverte ou secrète. Les paix qui figuraient ne pouvaient être que des haltes pour respirer. Il fallait donc que la France, comme le chef-lieu de la Révolution, se tînt en mesure de résister à la tempête. Il fallait donc qu'il y eût unité dans le gouvernement, pour qu'il pût être fort ; union dans la nation, pour que tous ses moyens tendissent au même but ; et confiance dans le peuple , pour qu'il consentît aux sacrifices nécessaires pour assurer sa conquête.

Or, tout était précaire dans le système du Consulat, parce que rien n'y était à sa véritable place. Il y existait une république de nom , une souveraineté de fait ; une représentation nationale faible, un pouvoir exécutif fort ; des autorités soumises et une armée prépondérante.

Rien ne marche dans un système politique où les mots jurent avec les choses. Le gouvernement se décrie par le mensonge perpétuel dont il fait usage et tombe dans le mépris qu'inspire tout ce qui est faux et faible. On ne peut plus d'ailleurs, ruser en politique ; les peuples en savent trop long ; les gazettes en disent trop.

Il n'y a plus qu'un secret pour mener le monde, c'est d'être fort : parce qu'il n'est dans la force ni erreurs ni illusions, c'est le vrai mis à nu.

Je sentais la faiblesse de ma position, le ridicule de mon Consulat. Il fallait établir quelque chose de solide, pour servir de point d'appui à la Révolution. Je fus nommé consul à vie : c'est une suzeraineté viagère, insuffisante en elle-même, puisqu'elle plaçait un doute dans l'avenir et que rien ne gâte la confiance comme l'assurance d'un changement ; mais elle était passable pour le moment où elle fut établie.

Dans l'intervalle que m'avait laissé la trève d'Amiens, j'avais tenté une expédition imprudente, qu'on m'a reprochée et avec raison : elle ne valait rien en soi : j'avais essayé de reprendre Saint-Domingue, j'avais de bons motifs pour le tenter. Les alliés haïssaient trop

la France pour qu'elle osât rester dans l'inaction
pendant la paix ; il fallait donner une pâture à
la curiosité des oisifs ; il fallait tenir l'armée
constamment en mouvement pour l'empêcher
de s'endormir ; enfin, j'étais bien aise d'essayer
les marins. Du reste, l'expédition a été mal
conduite ; partout où je n'ai pas été, les choses
ont été mal. Cela revenait, d'ailleurs, assez au
même, car il était facile de voir que le ministère
anglais allait rompre la trêve ; et si nous avions
reconquis Saint-Domingue, ce n'aurait été que
pour eux.

Chaque jour augmentait ma sécurité, lorsque
l'événement du 3 nivose, m'apprit que j'étais sur
un volcan. Cette conspiration fut imprévue ;
c'est la seule que la police n'ait pas déjouée
d'avance. Elle n'avait pas de confidents ; c'est
pour cela qu'elle a réussi.

J'échappai par un miracle. L'intérêt qu'on

me témoigna me dédommagea amplement. On avait mal choisi le moment pour conspirer. Rien n'était prêt en France pour les Bourbons

On chercha les coupables ; je le dis avec vérité, je n'en accusais que les Brutus du coin. En fait de crimes, on était toujours disposé à leur en faire honneur. Je fus très-étonné lorsque la suite des enquêtes vint à prouver que c'était aux royalistes que les gens de la rue Saint-Nicaise avaient l'obligation d'être sautés en l'air.

Je croyais les royalistes honnêtes gens, parce qu'ils nous accusaient de ne pas l'être ; je les croyais surtout très-incapables de l'audace et de la scélératesse que suppose un tel projet : au reste, il n'appartenait qu'à un petit nombre de voleurs de diligences , espèce qui était prônée mais peu considérée dans le parti.

Les royalistes, tout-à-fait oubliés, depuis la

pacification de la Vendée, reparaissaient ainsi sur l'horizon politique. C'était une conséquence naturelle de l'accroissement de mon autorité. Je refaisais la royauté, c'était chasser sur leurs terres.

Ils ne se doutaient pas que ma monarchie n'avait pas de rapports avec la leur. La mienne était toute dans les faits, la leur toute dans les droits. La leur n'était fondée que sur les habitudes ; la mienne s'en passait, elle marchait en ligne avec le génie du siècle ; la leur tirait la corde pour le retenir.

Les républicains s'effrayaient de la hauteur où me portaient les circonstances : ils se défiaient de l'usage que j'allais faire de ce pouvoir ; ils redoutaient que je ne remontasse une vieille royauté à l'aide de mon armée. Les royalistes fomentaient ce bruit et se plaisaient à me présenter comme un singe des anciens monarques;

d'autres royalistes plus adroits répandaient sourdement que je m'étais enthousiasmé du rôle de Monk, et que je ne prenais la peine de restaurer le pouvoir que pour en faire hommage aux Bourbons, lorsqu'il serait en état de leur être offert.

Les têtes médiocres, qui ne mesuraient pas ma force, ajoutaient foi à ces bruits ; ils accréditaient le parti royaliste et me décriaient dans le peuple et dans l'armée, car ils commençaient à douter de mon attachement à leur cause. Je ne pouvais pas laisser courir une telle opinion, parce qu'elle tendait à nous désunir. Il fallait à tout prix détromper la France, les royalistes et l'Europe, afin qu'ils sussent tous à quoi s'en tenir avec moi. Une persécution de détail contre des propos ne produit jamais qu'un mauvais effet, parce qu'elle n'attaque pas le mal dans sa racine ; d'ailleurs, ce moyen est devenu impossible dans ce siècle de sollicitations où l'exil d'une femme remua la France. Il s'offrit malheureusement à moi, dans ce moment décisif, un de ces coups du hasard qui détruisent les meilleures résolutions. La police découvrit de petites menées royalistes dont le foyer était au-delà du Rhin ; une tête auguste s'y trouvait impliquée ; toutes les circonstances de ces événements cadraient d'une manière incroyable avec celles qui me portaient à tenter un coup d'état. La perte du duc d'Enghien décidait la question qui agitait la France ; elle décidait de moi sans retour : je l'ordonnai.

Un homme de beaucoup d'esprit, et qui doit s'y connaître, a dit de cet attentat que c'était plus qu'un crime, que c'était une faute. N'en déplaise à ce personnage, c'était un crime, et ce n'était pas une faute. Je sais fort bien la valeur des mots. Le délit de ce malheureux prince se bornait à de misérables intrigues avec quelques vieilles baronnes de Strasbourg ; il jouait son jeu ; ces intrigues étaient surveillées, elles ne menaçaient ni la sécurité de la France ni la mienne ; il a péri victime de la politique et d'un concours inouï de circonstances. Sa mort n'était pas une faute, car toutes les conséquences que j'avais prévues sont arrivées.

La guerre avait recommencé avec l'Angleterre, parce qu'il ne lui était plus possible de vivre en temps de paix. Le territoire de l'Angleterre est devenu trop petit pour sa population ; il lui faut, pour vivre, le monopole des quatre parties du monde ; la guerre procure seule ce monopole aux Anglais, parce qu'elle lui vaut le droit de détruire sur mer ; c'est sa sauve-garde.

Cette guerre était paresseuse, faute de terrain pour se battre ; l'Angleterre était obligée d'en louer sur le continent ; mais il fallait donner à la moisson le temps de croître. L'Autriche avait reçu de si grandes leçons, que les ministres n'osaient proposer la guerre de sitôt, quelque envie qu'ils eussent de gagner leur argent ; la Prusse s'engraissait de sa neutralité ; la Russie avait fait, en Suisse, une fatale expérience de la guerre ; l'Italie et l'Espagne étaient entrées, à quelque chose près, dans mon système ; le continent faisait halte.

Faute de mieux, je mis en avant un projet de descente en Angleterre : je n'ai jamais pensé à le réaliser, car il aurait échoué ; non pas que le débarquement ne fût possible, mais la retraite ne l'était pas : il n'y a aucun Anglais qui ne se fût armé pour sauver l'honneur de son pays, et l'armée française, laissée sans secours à leur merci, aurait fini par périr ou capituler. J'avais pu faire cet essai en Égypte, mais à Londres c'était jouer trop gros jeu. Comme la menace ne me coûtait rien, puisque je ne savais que faire de mes troupes, il valait autant les tenir en garnison sur les côtes qu'ailleurs ; ce seul appareil a obligé l'Angleterre à se mettre sur un pied de défense ruineux : c'était autant de gagné.

En revanche, on organisa une conspiration contre moi. Je peux faire honneur de celle-ci aux princes émigrés, car elle était vraiment royale. On avait mis en mouvement une armée de conspirateurs : aussi, nous en fûmes informés dans les 24 heures, tant les confidences allaient bon train. Comme je voulais pourtant faire punir des hommes qui ne cherchaient qu'à renverser l'État, (ce qui est contre les lois divines et humaines), je fus obligé d'attendre, pour les faire arrêter, qu'on eût rassemblé contre eux des preuves irrécusables. Pichegru était à la tête de cette machination : cet homme

qui avait plus de bravoure que de talents avait
voulu jouer le rôle de Monk ; il allait à sa
taille. — Ces projets m'inquiétaient peu, parce
que je connaissais leur portée et que l'opinion
publique ne les favorisait pas. Les royalistes
m'auraient assassiné qu'ils n'en auraient pas
été plus avancés : chaque chose a son temps.

J'appris bientôt que Moreau trempait dans
cette affaire ; ceci devenait plus délicat, parce
qu'il avait une popularité colossale. Il était
clair qu'on devait le gagner ; il avait trop de
réputation pour que nous pussions être bons
voisins : je ne pouvais être tout et lui rien : il
fallait trouver une manière honnête de nous
séparer, il la trouva.

On a beaucoup dit que j'étais jaloux de lui,
je l'étais fort peu ; mais il l'était beaucoup de
moi, et il y avait de quoi ; je l'estimais parce
que c'était un bon militaire. Il avait pour ami

tous ceux qui ne m'aimaient pas, c'est-à-dire,
beaucoup de gens, ils en auraient fait un héros
s'il avait péri, je n'en voulais faire que ce qu'il
était, c'est-à-dire un homme nul, j'ai réussi,
l'absence l'a perdu, les amis l'ont oublié et on
n'y a plus songé.

Les autres coupables exigeaient moins de
ménagements; c'étaient tous les vieux habi-
tués de la conspiration dont il fallait purger
tout-à-fait la France; nous y avons réussi,
car il n'y en a plus reparu dès lors.

Je fus accablé de sollicitations, toutes les
femmes et les enfants étaient en l'air, on
demandait la grâce de tout le monde, j'eus la
faiblesse d'envoyer quelques coupables dans
les prisons de l'État, au lieu d'en laisser faire
justice.

Je me reproche même, aujourd'hui, cette
espèce d'indulgence, parce qu'elle n'est dans

un souverain qu'une faiblesse coupable, il n'y a qu'un seul devoir à remplir vis-à-vis de l'État, de faire observer les lois : toute transaction avec le crime devient un crime de la part du trône. Le droit de grâce ne doit jamais s'exercer envers les coupables, il faut le réserver pour les cas malheureux que la conscience absout quand la loi condamne. Pichegru fut trouvé étranglé dans son lit, on ne manqua pas de dire que c'était par mes ordres. Je fus totalement étranger à cet événement, je ne sais même pourquoi j'aurais soustrait ce criminel à son jugement, il ne valait pas mieux que les autres, et j'avais un tribunal pour le juger et des soldats pour le fusiller, je n'ai jamais rien fait d'inutile dans ma vie.

Mon autorité s'accrut, parce qu'on l'avait menacé, il n'y avait rien de prêt en France pour une contre-révolution. Elle ne voyait dans les menées des royalistes qu'un moyen de lui apporter l'anarchie et la guerre civile. Elle voulait s'en préserver à tout prix, et s'en rapporter à moi, parce que je promettais de l'en garantir... Elle voulait dormir à l'abri de mon épée. Le vœu public (l'histoire ne me démentira pas), le vœu public m'appelait à régner sur la France.

La France républicaine ne pouvait durer, parce qu'on ne fait pas des républiques avec de vieilles monarchies. Ce que voulait la France, c'était sa grandeur ; pour en soutenir l'édifice, il fallait anéantir les factions, consolider l'œuvre de la Révolution et fixer sans retour les limites de l'État. Seul je promettais à la France de remplir ces conditions, la France voulait que je régnasse sur elle.

Je ne pouvais pas devenir roi, c'était un titre usé ; il portait avec lui des idées reçues. Mon titre devait être nouveau comme la nature de mon pouvoir. Je n'étais pas l'héritier des Bourbons. Il fallait être beaucoup plus pour s'asseoir sur leur trône, je pris le nom d'Empereur, parce qu'il était plus grand et moins défini.

Jamais révolution ne fut aussi douce que celle qui renversa cette république pour laquelle on avait versé tant de sang. C'est qu'on maintenait la chose, le mot seul était changé, c'est pourquoi les républicains n'ont pas redouté l'Empire.

D'ailleurs, les révolutions qui ne déplacent pas les intérêts sont toujours douces.

La Révolution était enfin terminée, elle devenait inébranlable sous une dynastie permanente ; la République n'avait satisfait que des opinions ; l'Empire garantissait les intérêts et les opinions.

Les intérêts étaient ceux d'une immense majorité, parce qu'avant tout, les institutions de l'Empire garantissaient l'égalité. La démocratie y existait de fait et de droit, la liberté seule y était restreinte, parce qu'elle ne vaut rien pour les temps de crise, mais la liberté n'est qu'à l'usage de la classe éclairée de la nation ; l'égalité sert à tout le monde. C'est pourquoi mon pouvoir est resté populaire, même dans les revers qui ont écrasé la France.

Mon autorité ne reposait pas, comme dans les vieilles monarchies, sur un échafaudage de castes et de corps intermédiaires ; elle était immédiate et n'avait d'appui que dans elle-même, car il n'y avait dans l'Empire que la nation et moi ; mais, dans cette nation, tous étaient également appelés aux fonctions publiques. Le point de départ n'était un obstacle pour personne, le mouvement ascendant était universel dans l'État : ce mouvement a fait ma force.

Je n'ai pas inventé ce système, il est sorti des ruines de la Bastille, il n'est que le résultat de la civilisation et des mœurs que le temps a données à l'Europe. On essaiera en vain de le détruire, il se maintiendra par la force des choses, parce que le fait finit toujours par se placer là où est la force. Or, la force n'était plus dans la noblesse, depuis qu'elle avait permis au Tiers-État de porter les armes, et qu'elle n'avait plus voulu être la seule milice de l'État.

La force n'était plus dans le clergé depuis que le monde était devenu protestant en devenant raisonneur. La force n'était plus dans les gouverneurs, précisément parce que la noblesse et le clergé n'étaient plus en état de remplir leurs fonctions, c'est-à-dire, d'appuyer le trône, la force n'était plus dans les routines et les préjugés depuis qu'on avait démontré au peuple qu'il n'y avait ni routine ni préjugés.

Il y avait dissolution dans le corps social, longtemps avant la Révolution , parce qu'il n'y avait plus de rapports entre les mots et les choses. La chute des préjugés avait mis à nu la source des pouvoirs, on avait découvert leur faiblesse, ils sont tombés, en effet, à la première attaque.

Il fallait donc refaire l'autorité sur un autre plan ; il fallait qu'elle se passât du cortége des habitudes et des préjugés : il fallait qu'elle se passât de cet aveuglement qu'on appelle la foi. Elle n'avait hérité d'aucun droit ; il fallait donc qu'elle fût en entier dans le fait , c'est-à-dire , dans la force.

Je ne montais pas ainsi sur le trône, comme un héritier des anciennes dynasties, pour m'y asseoir mollement sur les prestiges des habitudes et des illusions, mais pour affermir les institutions que le peuple voulait , pour mettre les lois en accord avec les mœurs, et pour rendre la France redoutable, afin de maintenir son indépendance.

On ne tarda pas à m'en fournir l'occasion ; l'Angleterre était fatiguée par le séjour de mes troupes sur les côtes, elle voulait s'en débarrasser à tout prix, et cherchait, la bourse à la main, des alliés sur le continent ; elle devait en trouver.

Les anciennes dynasties étaient effrayées de me voir sur le trône. Quelques politesses que nous nous fissions, elles voyaient bien que je n'étais pas des leurs, car je ne régnais qu'en vertu d'un système qui détruisait l'autel que le temps leur avait élevé ; j'étais à moi seul une Révolution, l'Empire les menaçait comme la République. Elles le redoutaient davantage parce qu'il était plus robuste.

Il était donc de leur politique de m'attaquer

le plus tôt possible, c'est-à-dire, avant que j'eusse pris toutes mes forces.

Les chances de la lutte qui allait s'ouvrir, était d'un grand intérêt pour moi, elles allaient m'apprendre la mesure de la haine qu'on me portait, elles allaient m'apprendre à distinguer ceux des souverains que la crainte déciderait à s'associer au système de l'Empire, d'avec ceux qui périraient, plutôt que de transiger avec lui.

Cette lutte devait amener de nouvelles combinaisons politiques en Europe. Je devais succomber ou en devenir l'arbitre.

Je venais de réunir le Piémont à la France, parce qu'il fallait que la Lombardie s'appuyât de l'Empire. On cria à l'ambition, on prépara la lice pour le combat. Cette réunion lui servit de signal.

La bataille devait être rude. Les Autrichiens rassemblaient toutes leurs forces, et les Russes étaient décidés à y réunir les leurs. Le jeune Alexandre venait de monter sur le trône. Comme les enfants aiment à faire le contraire de leurs parents, il me déclara la guerre, parce que son père avait fait la paix. Car nous n'avions encore rien à démêler avec les Russes, leur tour n'était pas encore venu, mais les femmes et les courtisans l'avaient décidé ainsi. Il ne croyait faire qu'une chose de bon goût, parce que je n'étais pas à la mode dans le beau monde, et il commençait, sans le savoir, le système auquel la Russie devra sa grandeur.

La coalition n'a jamais ouvert la campagne plus maladroitement. Les Autrichiens s'imaginèrent de me surprendre, cette prétention ne leur réussit pas.

Ils inondèrent la Bavière sans attendre l'armée russe. Ils s'en vinrent à marches forcées sur le Rhin. Mes colonnes avaient quitté le camp de

Boulogne et traversaient la France. Nous pas-
sâmes le Rhin à Strasbourg. Mon avant-garde
rencontra les Autrichiens à Ulm et les culbuta.
Je marchai sur Vienne à tour de route : j'y
entrai sans obstacles. Un général autrichien
oublia de couper les ponts du Danube. Je passai
la rivière. Je l'aurais passée également ; mais
j'en arrivai plus vite en Moravie.

Les Russes débouchaient seulement. Les
débris autrichiens coururent se réfugier sous
leurs drapeaux ; — l'ennemi voulut tenir, à
Austerlitz, — il fut battu. Les Russes se
retirèrent en bon ordre, et me laissèrent l'empire d'Autriche,

L'empereur François me demanda une entre-
vue : je la donnai dans un fossé. Il me demanda
la paix, je l'accordai ; car, qu'aurais-je fait de son
pays ? il n'était pas moulé pour la Révolution,
mais, pour diminuer ses forces, je demandai

Venise pour la Lombardie, et le Tyrol pour la Bavière, afin de renforcer au moins mes amis aux dépens de mes ennemis. C'était bien le moins. Ce n'était pas le moment de disputer ; la paix fut signée. Je la fis proposer en même temps aux Russes. — Alexandre la refusa. — Ce refus était noble ; car, en acceptant la paix, il acceptait l'humiliation des Autrichiens ; — en refusant, il montra de la fermeté dans les revers, et de la confiance dans la fortune ; ce refus m'apprit que le sort du monde dépendrait de nous deux.

La campagne recommença, je suivis la retraite des Russes, — j'arrivai en Pologne, un nouveau théâtre s'ouvrait à nos armes. J'allais voir cette vieille terre de l'anarchie et de la liberté. Courbés sous un joug étranger, les Polonais attendaient ma venue pour le secouer.

J'ai négligé le parti que je pouvais tirer des Polonais, et c'est la plus grande faute de mon règne. Je savais cependant qu'il était essentiel de relever ce pays, pour en faire une barrière à la Russie et un contre-poids à l'Autriche ; mais, les circonstances ne furent pas assez heureuses, à cette époque, pour réaliser ce plan ; d'ailleurs, les Polonais m'ont parus peu propres à remplir mes vues. C'est un peuple passionné et léger. Tout se fait chez eux par fantaisie et rien par système. Leur enthousiasme est violent, mais, ils ne savent ni le régler ni le perpétuer. Cette nation porte sa ruine dans son caractère.

Peut-être qu'en donnant aux Polonais un plan, un système et un point d'appui, ils auraient pu se former, avec le temps.

Quoique mon caractère ne m'ait jamais porté à faire les choses à demi, je n'ai pourtant fait que cela en Pologne, et je m'en suis mal trouvé. Je m'avançai, au cœur de l'hiver, vers les pays du Nord, — le climat n'inspirait aucune défiance

au soldat : son moral était excellent. J'avais
à combattre une armée maîtresse de son terrain
et de son climat ; elle m'attendait sur les frontières de la Russie, — j'allai l'y chercher,
parce qu'il ne fallait pas laisser languir mes
troupes dans de mauvais cantonnements. Je
rencontrai l'ennemi à Eylau : l'affaire fut
meurtrière et indécise.

Si les Russes nous avaient attaqués le lendemain, nous aurions été battus, mais leurs
généraux n'ont heureusement pas de ces ins-
pirations ; — ils me donnèrent le temps de les
attaquer à Friedland ; la victoire y fut moins dou-
teuse. Alexandre s'était vaillamment défendu,
il me proposa la paix, elle était honorable pour
les deux nations, car elles s'étaient mesurées
avec une égale bravoure. La paix fut signée
à Tilsitt. Elle le fut de bonne foi ; j'en atteste
le Czar lui-même. Telle fut l'issue des premiers

efforts de la coalition contre l'Empire que je venais de fonder. Elle éleva la gloire de nos armes ; mais elle laissa la question indécise entre l'Europe et moi, car nos ennemis n'avaient été qu'humiliés ; ils n'étaient ni détruits ni changés. Nous nous retrouvâmes au même point, et, en signant la paix, je prévis de nouvelles guerres.

Elles étaient inévitables, tant que le sort de la guerre n'amènerait pas de nouvelles combinaisons, et tant que l'Angleterre aurait un intérêt personnel à les prolonger.

Il fallait donc profiter du repos passager que je venais de rendre au continent pour élargir la base de l'Empire, afin de le rendre plus solide pour les attaques à venir. Le trône était héréditaire dans ma famille ; elle commençait ainsi une dynastie nouvelle que le temps devait consacrer comme il a légitimé toutes les autres : car, depuis Charlemagne, aucune couronne n'avait été donnée avec autant de solennité. Je l'avais reçue du vœu des peuples et de la sanction de l'Église; ma famille, appelée à régner, ne devait pas rester mêlée dans les rangs de la société; c'eût été un contre-sens.

J'étais riche de conquêtes, — il fallait lier intimement ces États au système de l'Empire, afin d'accroître sa prépondérance. Il n'y a pas d'autres liens entre les peuples que ceux des intérêts qu'ils mettent en commun; il fallait donc établir une entière communauté d'intérêts entre nous et les pays conquis; il ne s'agissait pour cela que de changer leur ancien ordre social pour leur donner le nôtre, en mettant à la tête de ces nouvelles institutions des souverains intéressés à les maintenir.

Je remplissais ces conditions en plaçant ma famille sur les trônes vacants.

La Lombardie était le plus essentiel de ces

États, parce qu'elle devait être continuellement exposée aux regrets de la maison d'Autriche ; je ne voulus pas lui donner le plaisir de mettre un de mes frères sur ce trône. J'étais seul capable de porter la couronne de fer, et je la mis sur ma tête.

Je donnais par là plus de confiance aux Lombards, parce que je faisais ma propre affaire de la leur.

Ce nouvel État prit le nom de royaume d'Italie, parce que ce titre était plus grand, et parlait davantage à l'imagination des Italiens.

Le trône de Naples était vacant. La reine Caroline, après avoir inondé de sang le pavé de Naples et livré son royaume aux Anglais, en avait été chassée de nouveau ; il fallait un maître à ce malheureux pays pour le sauver de l'anarchie et des vengeances, un de mes frères monta sur le trône.

La Hollande avait perdu, depuis longtemps,
l'énergie qui fait les républiques. Elle n'avait
plus la force de jouer ce rôle. Elle en avait
donné la preuve lors du débarquement, je ne
devais pas soupçonner qu'elle regrettât la maison
d'Orange à la manière dont elle l'avait traitée.
La Hollande semblait donc avoir besoin d'un
souverain ; je lui donnai un autre de mes frères.

Le cadet était assez jeune pour attendre : le
quatrième n'aimait pas à régner, il s'était sauvé
pour s'y soustraire.

Il ne resta en république que celle des Suisses.
Il ne valait pas la peine de changer des formes
auxquelles ils étaient accoutumés ; mon autorité
dans ce pays s'est bornée à les empêcher de
s'égorger entre eux, ils ne m'en ont pas témoigné
une grande reconnaissance.

En formant ainsi des États alliés de la France
et dépendants de l'Empire, je dus, en même

temps, réunir à la mère patrie d'autres portions du territoire, afin de conserver sa prépondérance sur tout le système. C'est dans ce but que j'avais réuni le Piémont à la France et non pas à l'Italie. J'y réunis de même Gênes et Parme. Ces réunions ne valurent rien en elles-mêmes, car j'aurais fait de ces peuples de bons Italiens, je n'en ai fait que de médiocres Français. Mais l'Empire se composant non-seulement de la France, mais des États de la famille et des alliés étrangers, il était essentiel de conserver la proportion entre ces trois éléments. Chaque alliance emportait avec elle une nouvelle réunion. Le public, à chaque fois, criait à l'ambition. Mon ambition n'a jamais consisté à posséder quelques lieues carrées de plus ou de moins, mais à faire triompher ma cause.

Or, cette cause ne consistait pas seulement dans les opinions, mais dans le poids que chaque parti pouvait mettre dans la balance, et les lieues carrées pèsent dans le bassin, parce que le monde ne se compose que de cela.

J'augmentai ainsi la masse des forces que je faisais mouvoir ; il ne fallait ni talents ni adresse pour opérer ces changements, il suffisait d'un acte de ma volonté, car ces pays étaient trop petits pour en avoir en ma présence, ils dépendaient du mouvement imprimé à l'ensemble du système impérial. Le point de départ de ce système était la France. Il fallait donc consolider mon ouvrage en donnant à la France des institutions conformes au nouvel ordre social qu'elle avait adopté. Il fallait créer mon siècle pour moi, comme je l'avais été pour lui. Il fallait être législateur après avoir été guerrier. Il n'était pas possible de faire reculer la Révolution, car c'aurait été soumettre de nouveau les forts aux faibles, ce qui est contre nature. Il fallait donc en saisir l'esprit pour y accommoder un système analogue de législation, je crois y être parvenu. Ce système me survivra et j'ai laissé à l'Europe un héritage qu'elle ne pourra plus répudier.

Il n'y avait en réalité, dans l'État, qu'une vaste démocratie menée par une dictature. Cette espèce de gouvernement est commode pour l'exécution, mais elle est d'une nature temporaire, parce qu'elle n'est qu'en viager sur la tête du dictateur ; je devais la rendre perpétuelle en faisant des institutions à demeure et des corporations vivaces, afin de les placer entre le trône et la démocratie ; je ne pouvais rien opérer par le levier des habitudes et des illusions, j'étais obligé de tout créer avec de la réalité.

Il fallait ainsi fonder ma législation sur les intérêts immédiats de la majorité et créer mes corporations avec des intérêts, parce que les intérêts sont ce qu'il y a de plus réel dans le monde.

J'ai fait des lois dont l'action était immense, mais uniforme. Elles avaient pour principe le maintien de l'égalité. Elle est si fortement empreinte dans ces codes, qu'ils suffiront seuls pour la conserver.

J'instituai une caste intermédiaire. Elle était démocratique, parce qu'on y entrait à toute heure et de partout : elle était monarchique, parce qu'elle ne pouvait pas mourir.

Cette corporation devait remplacer, dans le nouveau régime, le service que la noblesse était censée faire dans l'ancien, c'est-à-dire d'appuyer le trône, mais elle ne lui ressemblait en rien ; la vieille noblesse n'existait que par ses prérogatives, la mienne n'avait que du pouvoir. La vieille noblesse n'avait de mérite que parce qu'elle était exclusive. Tous ceux qui se distinguaient entraient de droit dans la nouvelle : elle n'était autre chose qu'une couronne civique. Le peuple n'y attachait pas d'autre idée. Chacun l'avait méritée par ses œuvres, tous pouvaient l'obtenir au même prix, elle n'était offensante pour personne.

L'esprit de l'Empire était le mouvement ascendant : c'est le caractère des révolutions. Il excitait toute la nation. Elle se soulevait pour s'élever, j'ai placé au sommet de ce mouvement de grandes récompenses. Elles ne furent données que par la reconnaissance publique. Ces hautes dignités étaient conformes à l'égalité, — car le dernier soldat les obtenait par des actions d'éclat.

Après le désordre de la Révolution, il importait de rétablir l'ordre, parce qu'il est le symptôme de la force et de la durée.

Les administrateurs et les juges étaient essentiels à l'État, puisque d'eux seuls dépendait l'ordre public, c'est-à-dire l'exécution des lois. Je les associai aux mouvements qui animaient le peuple et l'armée et aux mêmes récompenses. Je fis un ordre qui honorait les administrateurs, parce qu'il avait reçu des soldats un brevet d'honneur. Je le rendais commun à tous ceux qui servaient l'État, parce que la première des vertus est le dévouement à la patrie. Je donnais ainsi pour ressort à l'Empire un lien général. Il unissait par leurs intérêts toutes les classes de la nation, parce qu'aucune n'était subordonnée ni exclue. Il se formait autour de moi un corps intermédiaire, fourni par l'élite de la nation. Il était attaché au système impérial, par sa vocation, par ses intérêts, par ses opinions. Ce corps nombreux, quoique revêtu des pouvoirs civils et militaires, était avoué par le peuple, parce qu'il était tiré au sort dans les rangs. Il avait confiance en lui, parce que leurs intérêts étaient confondus. Ce corps n'était ni décimateur ni exclusif. Ce n'était en réalité qu'une magistrature.

L'Empire s'asseyait sur une organisation forte. L'armée s'était formée à l'école de la guerre. Elle avait appris à se battre et à souffrir.

Les fonctionnaires civils s'accoutumaient à faire exécuter strictement les lois, parce que je ne voulais ni d'arbitraire ni d'interprétation. Ils se formaient ainsi à l'habitude et à la rapidité. J'avais répandu partout une impression uniforme, parce qu'on ne donnait qu'un seul mot d'ordre dans l'Empire. Ainsi, tout se mouvait dans cette machine, mais le mouvement ne s'opérait que dans les cadres que j'avais préparés.

J'ai arrêté les dilapidations publiques en centralisant sur un même point toute la machine fiscale. Je n'ai rien laissé de vague dans cette partie, parce qu'en fait de monnaie, tout doit se retrouver ; je n'ai surtout rien laissé de disponible à ces demi-responsabilités provinciales, parce que l'expérience m'avait prouvé que cet abandon ne sert qu'à enrichir quelques petits malversateurs aux dépens du trésor, du peuple et de la chose.

J'ai rendu le crédit à l'État en ne faisant pas usage du crédit.

J'ai substitué au système des emprunts qui a perdu la France, celui des impôts qui l'a corroborée.

J'ai organisé la conscription, — loi rigoureuse mais grande, et seule digne d'un peuple qui chérit sa gloire et sa liberté, car il ne doit confier sa défense qu'à lui-même.

J'ai ouvert de nouvelles communications au commerce. J'ai fait réunir l'Italie à la Fance, en ouvrant les Alpes par quatre routes différentes, j'ai entrepris dans ce genre tout ce qui paraissait impossible.

J'ai fait prospérer l'agriculture en maintenant les lois protectrices de la propriété, et en répartissant également les charges publiques.

J'ai ajouté de grands monuments à ceux que possédait la France, ils devaient servir de témoins à sa gloire, je pensais qu'ils élèveraient l'âme de nos descendants. Les peuples s'attachent à ces nobles images de leur histoire.

Mon trône ne brillait que de l'éclat des armes. Les Français aiment de la grandeur jusqu'à son apparence ; j'ai fait décorer des palais, j'y ai réuni une cour nombreuse, je lui ai donné un caractère austère : tout autre eût été mal assorti.

On ne s'amusait point dans ma cour, aussi les femmes n'ont joué qu'un rôle mesquin. Dans cette cour, tout était consacré à la grandeur de l'État ; c'est pourquoi elles m'ont toujours détesté. Louis XV était beaucoup mieux leur fait.

Mon ouvrage était à peine ébauché, lorsqu'un nouvel ennemi se présenta inopinément dans la lice.

Depuis dix ans, la Prusse s'était tenue en paix, la France lui en avait su gré ; les alliés lui en avaient voulu beaucoup de mal ; ils l'injuriaient, mais elle prospérait. Sa neutralité m'avait été surtout essentielle dans la dernière campagne ; pour m'en assurer il lui fut fait quelques ouvertures d'une cession du Hanovre. Je pensais qu'une pareille ouverture valait bien une petite violation de territoire, que je m'étais permise pour accélérer la marche d'une divi-

7

sion que j'étais pressé d'avoir sur le Danube.

L'Angleterre ayant rejeté les propositions de paix que nous lui avions envoyées, suivant notre usage, en signant celle de Tilsitt, la Prusse demanda la cession du Hanovre, je ne demandais pas mieux que de lui faire ce cadeau ; mais il me parut qu'il était temps que cette cour se déclarât franchement pour nous, en entrant pour tout de bon dans notre système. Il ne pouvait pas tout conquérir avec l'épée, la politique devait aussi nous donner des alliés et l'occasion paraissait belle.

Mais, je m'aperçus que la Prusse avait de tout autres intentions et qu'elle croyait m'avoir amplement payé par sa neutralité. Dès ce moment, il devenait ridicule d'agrandir un pays sur lequel je ne pouvais pas compter ; j'y mis de l'humeur ; je ne calculai pas assez, qu'en donnant du terrain à la Prusse, je la compromettais, c'est-à-dire, que je me l'assurais. Je refusai tout, et le Hanovre reçut une autre destination.

Les Prussiens jetèrent les hauts cris, parce que je ne voulais pas leur donner le bien d'autrui. Ils se plaignirent de ma petite violation de l'année précédente ; ils s'avisèrent, tout d'un coup, qu'ils étaient dépositaires de la gloire du Grand Frédéric. Les têtes s'échauffèrent, une espèce de mouvement national agitait la noblesse de Prusse. L'Angleterre se dépêcha de le solder et il prit de la consistance.

Si les Prussiens m'avaient attaqué pendant que j'étais aux prises avec les Russes, ils pouvaient me faire beaucoup de mal ; mais il était absurde de venir, hors de raison, nous déclarer une guerre qui ressemblait tellement à une mutinerie de collége, que je fus longtemps avant que d'y ajouter foi..... rien n'était plus vrai cependant, et il fallut rentrer en campagne.

Je m'attendais bien à battre les Prussiens, mais j'avais destiné plus de temps à cela ; je pris des mesures contre les agressions qu'on pourrait me susciter d'ailleurs ; mais je n'en eus pas besoin.

Par un hasard singulier, les Prussiens ne tinrent pas sept heures ; par un autre hasard, leurs généraux n'imaginèrent pas de défendre des places qui m'auraient tenu trois mois ; en quelques jours je fus maître du pays.

La diligence de cette déroute me prouva que cette guerre n'avait rien de populaire en Prusse. J'aurais dû profiter de cette découverte pour organiser la Prusse à notre manière ; mais, je ne sus pas m'y prendre.

L'Empire avait acquis une immense prépondérance par la bataille d'Iéna, le public commençait à regarder ma cause comme gagnée ; je m'en aperçus aux manières que l'on prit avec moi. Je commençais à le croire moi-même, et cette bonne opinion m'a fait faire des fautes.

Le système sur lequel j'avais fondé l'Empire était ennemi-né des anciennes dynasties. Je savais qu'entre elles et moi la guerre devait être mortelle. Il fallait donc prendre des moyens vigoureux pour la rendre aussi courte que possible, afin de ménager la souffrance des peuples et des rois. Ainsi, j'aurais dû changer, d'une part, la forme et le personnel de tous les États que la guerre mettait dans mes mains, puisqu'on ne fait pas de révolutions en gardant les mêmes hommes et les mêmes choses. J'étais donc sûr, en conservant ces gouvernements, de les avoir toujours contre moi : c'étaient des ennemis que je ressuscitais.

Si je voulais, d'autre part, garder ces gouvernements, faute de mieux, il fallait les rendre

complices de ma grandeur, en leur faisant
accepter, avec mon alliance, des territoires
et des titres.

En suivant l'un ou l'autre de ces plans, suivant
l'occasion, j'aurais étendu rapidement les frontières de la Révolution; nos alliances auraient
été solides, parce qu'elles auraient été faites
avec les peuples. Je leur aurais apporté les
avantages avec les principes de la Révolution,
j'aurais éloigné d'eux le fléau de la guerre dont
ils ont été persécutés pendant vingt ans, et qui
a fini par les révolter contre nous.

Il est à croire que la majorité des nations du
continent aurait accepté cette grande alliance,
et l'Europe aurait été refondue sur un nouveau
plan, analogue à l'état de sa civilisation.

Je raisonnais bien, mais je fis le contraire. Au
lieu de changer la dynastie prussienne, comme
je l'en avais menacée, je lui rendis ses États

après les avoir morcellés. La Pologne ne me
sut pas gré de n'avoir remis en liberté que
la portion de son territoire dont la Prusse s'était
emparée. Le royaume de Westphalie fut mé-
content de ne pas obtenir davantage , et la
Prusse, furieuse de ce que je lui avais ôté, me
jura une haine éternelle.

Je m'imaginai , je ne sais pourquoi , que des
souverains, dépossédés par le droit de conquête,
pouvaient devenir reconnaissants de la part qu'on
leur laissait. J'imaginai qu'ils pourraient , après
tant de revers, s'allier de bonne foi avec nous,
parce que c'était le parti le plus sûr. J'imaginai
pouvoir étendre ainsi les alliances de l'Empire,
sans me charger de l'odieux que les révolutions
traînent après elles. Je trouvai enfin que c'était
un grand rôle à jouer que celui d'ôter et de rendre
des couronnes ; je m'y laissai séduire. Je me suis
trompé, et les fautes ne se pardonnent jamais.

Je voulus corriger, au moins, ce que j'avais fait en Prusse, en organisant la Confédération du Rhin, parce que j'espérais contenir l'un par l'autre. Pour former cette Confédération, j'ai agrandi les États de quelques souverains aux dépens d'une cohue de petits princes, qui ne servaient qu'à manger l'argent de leurs sujets, sans pouvoir leur être bons à rien.

J'attachai ainsi, à ma cause, les souverains dont j'avais grossi le volume par les intérêts de leur agrandissement. Je les fis conquérants malgré eux. Mais ils se trouvèrent bien du métier. Ils ont fait volontiers cause commune avec moi. Ils ont été fidèles à cette cause tant qu'ils l'ont pu.

Le continent se trouva ainsi pacifié, pour la quatrième fois. J'avais étendu la surface de la prépondérance de l'Empire. Mon pouvoir immédiat s'étendait de l'Adriatique aux bouches du

Wéser, mon pouvoir d'opinion sur toute l'Europe.

Mais l'Europe sentait, comme moi, que cette pacification n'était encore qu'une œuvre provisoire, parce qu'il y avait trop d'éléments de résistance, et qu'en traitant avec ces résistances, comme j'avais eu le tort de le faire, je n'avais fait que reculer la difficulté.

Le principe vital de la résistance était en Angleterre. Je n'avais aucun moyen de l'attaquer corps à corps, et j'étais sûr que la guerre se renouvellerait sur le continent, tant que le ministère anglais aurait de quoi en payer les frais. La chose pouvait durer longtemps, parce que les bénéfices de la guerre alimentaient la guerre. C'était un cercle vicieux dont le résultat était la ruine du continent. Il fallait donc trouver un moyen de détruire les bénéfices que la guerre maritime valait à l'Angleterre, afin de ruiner le crédit du ministère. On me proposa, dans ce but, le système continental, il me parut bon, et je l'acceptai. Peu de gens ont compris ce système. On s'est obstiné à n'y voir d'autre but que celui de renchérir le café. Il devait avoir de toutes autres conséquences, il devait ruiner le commerce anglais. En cela il a mal fait son devoir, parce qu'il a produit, comme toutes les prohibitions, un renchérissement, ce qui est toujours à l'avantage du commerce, et parce qu'il ne peut être assez complètement établi pour bannir la contrebande.

Mais le système continental devait servir encore à désigner clairement nos amis d'avec nos ennemis. Nous ne pouvions pas nous y tromper. L'attachement au système continental témoignait de l'attachement à notre cause, parce qu'il était son enseigne et son palladium.

Ce système tant débattu était indispensable

dans le moment où je l'ai établi, car il faut qu'un grand Empire ait, non seulement une tendance générale pour diriger la politique, mais son économie doit avoir une tendance pareille. Il faut une route à l'industrie, comme à toutes choses, pour se mouvoir et avancer. Or, la France n'en avait point, quand je lui ai tracé sa route en lui donnant le système continental.

L'économie de la France s'était portée, avant la Révolution, vers les colonies et le commerce d'échange. C'était la mode alors. Elle y avait eu de grands succès; à quelque point qu'on ait vanté ces succès, ils n'avaient eu cependant d'autres résultats que ceux d'amener la ruine des finances de l'État, la perte de son crédit, la destruction de son système militaire, la perte de sa considération au dehors, la langueur de son agriculture. Ces succès l'avaient amenée finalement à signer un traité de commerce qui livrait son approvisionnement aux Anglais.

La France avait, à la vérité, de beaux ports de mer et quelques négociants dont la fortune était colossale.

La guerre avait détruit sans retour le système maritime. Les ports de mer étaient ruinés ; aucune force humaine ne pouvait leur rendre ce que la Révolution avait anéanti. Il fallait donc donner une autre impulsion à l'esprit de trafic, pour rendre de la vie à l'industrie de la France. Il n'y avait pas d'autres moyens d'y parvenir que celui d'enlever aux Anglais le monopole de l'industrie manufacturière ; pour faire de cette industrie la tendance générale de l'économie de l'État, il fallait créer le système continental.

Il fallait ce système, et rien de moins, parce qu'il fallait donner une prime énorme aux fabriques, pour engager le commerce à mettre au dehors les avances qu'exige l'établissement de tout un ensemble de fabrication.

Le fait a prouvé en ma faveur ; j'ai déplacé le siége de l'industrie en lui faisant passer la mer. Elle a fait de si grands pas sur le continent qu'elle n'a plus de concurrence à redouter. Si la France veut prospérer, qu'elle garde mon système en changeant son nom ; si elle veut déchoir, elle n'a qu'à recommencer des entreprises maritimes ; car les Anglais les détruiront à la première guerre. J'ai été forcé de porter le système continental à l'extrême, parce qu'il avait pour but de faire non-seulement du bien à la France, mais du mal à l'Angleterre.

Nous ne recevions les denrées coloniales que par son ministère, quel que fût le pavillon qu'elles empruntassent pour naviguer. Il fallait donc en recevoir le moins possible. Il n'y avait pas de meilleur moyen pour cela que d'en

élever le prix outre mesure. Le but politique
était rempli, les finances de l'État en profitaient ;
mais j'ai désolé les bonnes femmes, et elles s'en
sont vengées. L'expérience montrait chaque
jour que le système continental était bon, car
l'État prospérait malgré le fardeau de la guerre.
Les impôts étaient à jour, le crédit au pair
avec l'intérêt de l'argent, l'esprit d'améliora-
tion se montrait dans l'agriculture comme dans
les fabriques ; on bâtissait les villages à neuf
comme les rues de Paris ; les routes et les
canaux facilitaient le commerce intérieur. On
inventait, chaque semaine, quelque perfection-
nement ; je faisais faire du sucre avec des
navets et de la soude avec du sel. Le déve-
loppement des sciences marchait de front avec
celui de l'industrie.

Il aurait donc été insensé de renoncer à un
système au moment où il portait ses fruits.

Il fallait l'affermir, pour donner d'autant plus de prise à l'émulation..... Cette nécessité a influé sur la politique de l'Europe, en ce qu'elle a fait à l'Angleterre une nécessité de poursuivre l'état de guerre.

Dès ce moment aussi, la guerre prit, en Angleterre, un caractère plus sérieux. Il s'agissait pour elle de la fortune publique, c'est-à-dire de son existence. La guerre se popularisa. Les Anglais ne confièrent plus à des auxiliaires le soin de leur protection, ils s'en chargèrent eux-mêmes, et parurent en grosses masses sur le terrain. La lutte n'est devenue périlleuse que depuis lors ; j'en reçus l'impression en signant le décret, je soupçonnai qu'il n'y aurait plus de repos pour moi, et que ma vie se passerait à combattre des résistances que le public ne voyait plus, mais dont j'avais le secret, parce que je suis le seul que les apparences n'aient jamais trompé. Je me flattais, au fond du cœur, de rester maître de l'avenir, au moyen de l'armée que j'avais faite : tant de succès l'avaient rendue invincible. Elle ne doutait jamais du succès ; ses mouvements étaient faciles, parce que nous avions renoncé au système des camps et des magasins. On pouvait la transporter à l'instant sur toutes les directions, et partout elle arrivait avec la conscience de sa supériorité.

Avec de tels soldats, quel est le général qui n'eût aimé la guerre ? je l'aimais, je l'avoue, et cependant je n'ai plus senti en moi, depuis l'affaire d'Iéna, la plénitude de confiance, ni le mépris de l'avenir auxquels j'avais dû mes premiers succès. Je me défiais de moi-même : cette défiance portait de l'incertitude dans mes décisions, mon humeur en était altérée, mon caractère abâtardi ; je me commandais, mais ce qui n'est pas naturel n'est jamais parfait.

Le système continental avait décidé les Anglais à nous faire la guerre à mort. Le nord était soumis et contenu par mes garnisons, les Anglais n'y avaient plus d'autres rapports que ceux de la contrebande ; mais on leur avait livré le Portugal et je savais que l'Espagne favorisait leur commerce, à l'abri de sa neutralité.

Pour que le système continental fût bon à quelque chose, il fallait qu'il fût complet ; je l'avais établi à peu de chose près dans le nord, il fallait le faire respecter dans le midi. Je demandai à l'Espagne un passage pour un corps d'armée que je voulais envoyer en Portugal. On me l'accorda. A l'approche de mes troupes, la cour de Lisbonne s'embarqua pour le Brésil et me laissa son royaume. Il fallait établir, au travers de l'Espagne, une route militaire pour communiquer avec le Portugal. Cette route nous mit en rapport avec l'Espagne, jusqu'alors je n'avais jamais songé à ce pays à cause de sa nullité.

L'état politique de l'Espagne était alors inquiétant ; elle était gouvernée par le plus incapable des souverains, brave et digne homme, dont l'énergie se bornait à obéir à son favori. Ce favori, sans caractère et sans talent, n'avait lui-même d'autre énergie que celle de demander sans cesse des richesses et des dignités.

Le favori m'était resté dévoué parce qu'il trouvait commode de gouverner, sous l'ombre de mon alliance. Mais il avait si mal mené les affaires, que son crédit avait baissé en Espagne ; il ne pouvait plus s'y faire obéir ; son dévouement me devenait inutile.

Les opinions avaient marché, en Espagne, dans un sens inverse du reste de l'Europe. Le peuple qui s'était élevé partout à la hauteur de la Révolution, y était resté fort au-dessous ; les lumières n'avaient pas percé jusqu'à la seconde couche de la nation, elles s'étaient arrêtées à la surface, c'est-à-dire sur les hautes classes. Celles-ci sentaient l'abaissement de leur patrie, et rougissaient d'obéir à un gouvernement qui perdait leur pays ; on les appelait les *libéraux*, en sorte que les révolutionnaires étaient, en Espagne, ceux qui avaient à perdre à la révolution, et ceux qui devaient y gagner n'en voulaient pas entendre parler. Le même contre-sens a eu lieu également à Naples. Il m'a fait faire beaucoup de fautes, parce que je n'en ai pas eu la clef d'entrée.

La présence de mes troupes en Espagne y causa un événement, chacun l'interpréta. Les têtes s'en occupèrent, la fermentation commença, j'en fus informé. Les libéraux furent sensibles à l'humiliation de leur pays. Ils crurent prévenir sa ruine par une conjuration. Cette conjuration réussit, elle se borna à faire abdiquer le vieux roi, et à rouer de coups son favori. L'Espagne ne gagnait, rien au fond, à ce changement, car le fils qu'on mettait sur le trône ne valait pas mieux que son père.

La conjuration eut à peine réussi que les conjurés s'épouvantèrent de leur audace : ils eurent peur d'eux, de moi, de tout le monde. Les moines n'approuvaient pas la violence qu'on avait faite contre leur vieux roi, parce qu'elle était illégitime ; je la désapprouvais également par un autre motif, l'épouvante se mit dans la nouvelle cour, la révolte dans le peuple, et l'anarchie dans l'État.

La force des choses avait amené ainsi un changement en Espagne, puisqu'une révolution venait de commencer par le fait. Cette révolution ne pouvait pas être de la même nature que celle de la France, parce que les éléments en étaient différents. Jusqu'alors, elle n'avait eu aucune direction, parce qu'elle n'avait point eu de chef, ni de parti pris d'avance. Ce n'était encore qu'une suspension d'autorité, une subversion de pouvoir, un désordre : voilà tout.

On ne pouvait prévoir autre chose sur le sort de l'Espagne ; si ce n'est qu'avec un peuple ignorant et farouche, cette révolution ne s'achèverait pas sans des flots de sang et de longues calamités.

Que demandaient d'ailleurs les hommes qui voulaient un changement en Espagne ? Ce n'était pas une révolution comme la nôtre : c'était un gouvernement capable ; une autorité qui fût en état d'ôter la rouille qui couvrait leur pays, afin de lui rendre de la considération au dehors, et de la civilisation au dedans.

Je pouvais leur donner l'une et l'autre, en m'emparant de leur révolution au point où ils l'avaient amenée. Il s'agissait de donner à l'Espagne une dynastie qui fût forte, parce qu'elle serait neuve et qui serait éclairée, parce qu'elle serait dépourvue de préjugés. La mienne remplissait ces qualités, je songeai donc à lui donner un trône de plus.

A cet égard, le plus difficile était fait ; c'était de se débarrasser de l'ancienne dynastie. Or, les Espagnols avaient laissé abdiquer leur vieux roi, ils ne voulaient pas reconnaître le nouveau. Tout semblait donc présager que l'Espagne, pour éviter l'anarchie, accepterait un souverain qui se présenterait armé d'un levier prodigieux. Elle serait entrée par là, sans efforts, dans le rayon du système impérial ; et quelque déplorable que fût l'état social de l'Espagne, il ne fallait pas dédaigner cette conquête.

Comme il faut voir les choses par soi-même pour s'en faire une juste idée, je partis pour Bayonne, où j'avais invité la vieille cour d'Espagne à se rendre. Comme elle n'avait rien de mieux à faire, elle y vint ; j'avais invité également la nouvelle et je m'attendais qu'elle ne viendrait pas, parce qu'elle avait beaucoup mieux à faire.

Je pensais que, pour ne pas se mettre en présence ni de moi ni de son père, on aurait fait prendre à Ferdinand le parti de la révolte, ou celui de gagner l'Amérique. Il ne prit ni l'un ni l'autre, il vint à Bayonne avec son précepteur, ses confidents, et laissa l'Espagne au premier occupant.

Cette démarche seule me donna la mesure de cette cour ; j'eus à peine conféré avec ces chefs de conjurés, que je vis l'ignorance où ils étaient de leur propre situation. Ils n'avaient de parti pris sur rien ; ils menaient leur politique comme des *quinze-vingt* ; j'eus à peine vu le souverain qu'ils avaient mis sur le trône, que je fus convaincu qu'on ne devait pas laisser l'Espagne en de pareilles mains.

Je me décidai alors à recevoir l'abdication de cette famille et à placer un de mes frères sur un trône que ses maîtres venaient d'abandonner ; ils en étaient descendus si facilement que je crus qu'il y monterait de même.

Rien en effet ne semblait s'y opposer ; la junte de Bayonne l'avait reconnu, aucun pouvoir légal n'était resté en Espagne pour refuser ce changement de règne : le vieux roi s'était montré reconnaissant de ce que j'avais ôté le trône à son fils, et il était allé se reposer à Compiègne. Son fils fut conduit au château de Valençay où l'on avait fait les préparatifs nécessaires.

Les Espagnols savaient à quoi s'en tenir avec

leur vieux roi, il ne laissa ni regrets ni souvenirs; mais son fils était jeune, son règne une espérance; il était malheureux, on en fit un héros; l'imagination se monta en sa faveur, les libéraux crièrent à l'indépendance nationale, les moines à l'illégitimité, toute la nation s'est armée sous ces deux bannières. Je conviens que j'ai eu tort de mettre le jeune roi en séquestre à Valençay; j'aurais dû le laisser voir à tout le monde, afin de détromper ceux qui s'intéressaient à lui. J'ai eu tort surtout de ne pas lui permettre de rester sur le trône; les choses auraient été de mal en pis en Espagne, je me serais acquis le titre de Protecteur du vieux roi en lui donnant asile.

Le nouveau gouvernement n'aurait pas manqué de se compromettre avec les Anglais, je lui aurais déclaré la guerre, tant en mon nom qu'en qualité de fondé de pouvoir du vieux roi.

L'Espagne aurait confié à son armée le sort de cette guerre, et dès qu'elle aurait été battue, la nation se serait soumise au droit de conquête ; elle n'aurait pas même songé à murmurer, parce qu'en disposant des pays conquis on ne fait que suivre les usages reçus.

Si j'avais été plus patient, j'aurais suivi cette marche, mais je crus que, le résultat étant le même, les Espagnols accepteraient *à priori* un changement de dynastie que la position des affaires rendait inévitable. Je mis de la gaucherie dans cette entreprise, parce que je supprimais les gradations ; je venais de déplacer ainsi l'ancienne dynastie, d'une manière offensante pour les Espagnols. Blessés dans leur orgueil ils ne voulurent pas reconnaître celle que j'avais mise à sa place. Il en résulta qu'il n'y eut plus d'autorité nulle part, c'est-à-dire qu'elle se trouvait partout. La nation en

masse se crut chargée de la défense de l'État,
puisqu'il n'y avait plus d'armée ni d'autorité
auxquelles on pût confier cette défense. Chacun
en prit la responsabilité ; je créai l'anarchie, je
trouvai contre moi toutes les ressources qu'elle
donne. J'eus toute la nation sur les bras.

Cette nation, dont l'histoire n'a signalé que
l'avarice et la férocité, était peu redoutable devant l'ennemi : elle fuyait à la vue de mes soldats, mais elle les assassinait par derrière. Ils
en étaient révoltés ; ils avaient les armes à la
main ; ils usaient de représailles. De représailles
en représailles cette guerre est devenue une
arène d'atrocités.

J'ai senti qu'elle imprimait un caractère de
violence à mon règne ; qu'elle était d'un exemple dangereux pour les peuples et funeste pour
l'armée, parce qu'elle consommait beaucoup
d'hommes et fatiguait le soldat. J'ai senti qu'elle

avait mal commencé ; mais , une fois que cette guerre avait été entamée, il n'était pas possible de l'abandonner ; car le plus petit revers enflait mes ennemis , et mettait l'Europe en armes. J'ai été obligé d'être toujours victorieux.

Je ne tardai pas à en faire l'épreuve. J'étais allé en Espagne , afin d'accélérer les événements et de connaître le terrain sur lequel j'allais laisser mon frère. J'avais occupé Madrid et détruit l'armée anglaise qui venait à son secours. Mes succès étaient rapides : l'effroi à son comble, la résistance allait finir ; il n'y avait pas un moment à perdre , on n'en perdit pas non plus ; le ministère anglais arma l'Autriche. Il a toujours été aussi actif à me trouver des ennemis que je l'ai été à les battre.

Le projet de l'Autriche fut même, pour cette fois, très adroitement conçu , il me surprit. Il faut rendre justice à ceux qui le méritent.

Mes armées étaient éparpillées à Naples , à Madrid , à Hambourg. J'étais moi-même en Espagne. Il était probable que les Autrichiens devaient , en débutant, obtenir des succès. Ces succès pouvaient en amener d'autres ; dans ce genre c'est le premier pas qui coûte. Ils auraient pu tenter la Prusse et la Russie , retremper le courage des Espagnols et rendre la popularité au ministère anglais.

La cour de Vienne a une politique tenace que les événements ne dérangent jamais. J'ai été longtemps avant d'en deviner la cause. Je me suis aperçu enfin , mais trop tard , que cet État n'avait de si profondes racines que parce que la bonhomie du gouvernement la laisse dégénérer en oligarchie.

L'État n'est plus mené que par une centaine de nobles. Ils possèdent le territoire et se sont emparé des finances , de la politique et de la guerre. Au moyen de quoi ils sont maîtres de tout , et n'ont laissé à la cour que la signature.

Or, les oligarchies ne changent jamais d'opinions , parce que leurs intérêts sont toujours les mêmes. Elles font mal tout ce qu'elles font, mais elles font toujours parce qu'elles ne meurent jamais. Elles n'obtiennent jamais de succès, mais elles supportent admirablement les revers, parce qu'elles les supportent en société. L'Autriche dut, quatre fois, son salut à cette forme de gouvernement ; elle décida de la guerre qu'on venait de me déclarer.

Je n'avais pas un moment à perdre, je quittai brusquement l'Espagne et courus sur le Rhin. Je ramassai les premières troupes que je trouvai sous ma main. Le prince Eugène s'était déjà laissé battre en Italie ; je lui envoyai des renforts. Les rois de Souabe et de Bavière me prêtèrent leurs troupes , j'allai battre les Autrichiens à Ratisbonne et je marchai sur Vienne.

Je suivis, à marches forcées, la rive droite du Danube ; je comptais sur les succès du vice-roi pour opérer notre jonction. Je voulais devancer les Autrichiens à Vienne, y passer le Danube et me trouver en possession pour recevoir l'archiduc. Ce plan était bien conçu ; mais il était imprudent, parce que j'avais à faire à un habile homme, et que je n'avais pas assez de troupes. Mais la fortune était pour moi.

L'archiduc fit, en revanche, une très-belle marche. Il devina mon projet et gagna les devants. Il se porta rapidement sur le Danube, et prit position en même temps que moi. C'est, à ma connaissance, la seule belle manœuvre que les Autrichiens aient jamais faite.

Mon plan de campagne était manqué, j'étais en présence d'une armée formidable. Elle dominait mes mouvements et me forçait à l'inaction. Il n'y avait plus qu'une grande affaire qui pût terminer la guerre. C'était moi qui devais attaquer. L'archiduc m'avait réservé ce rôle. Il n'était pas facile à jouer, car il était en position de me recevoir.

Par un bonheur inespéré, l'archiduc Jean, au lieu de contenir à tout prix le vice-roi, se laissa battre. L'armée d'Italie le rejeta de l'autre côté du Danube. Nous eûmes pour nous toute sa droite.

Mais, comme nous ne voulions pas y rester toujours, il fallait en finir. Je fis jeter les ponts. L'armée s'ébranla, le corps du maréchal Masséna déboucha le premier et commençait le feu, lorsqu'un accident rompit les ponts. Il était impossible de les réparer assez tôt pour le soutenir. Il fut attaqué par toute l'armée ennemie. Cette troupe se défendit avec une valeur héroïque, car elle était sans espoir.

Les munitions manquèrent ; ils allaient périr, lorsque les Autrichiens cessèrent leur feu, croyant qu'à chaque jour suffit sa peine. Ils reprirent position au moment décisif, et me tirèrent d'une fameuse angoisse.

Nous n'en avions pas moins éprouvé un revers, je m'en aperçus par l'état de l'opinion. On publiait ma défaite ; on annonçait ma retraite, on en donnait les détails ; on prévoyait ma perte. Les Tyroliens étaient révoltés ; il fallait y envoyer l'armée de Bavière. Des partis s'étaient armés, en Prusse et en Westphalie, et couraient le pays pour exciter un soulèvement. Les Anglais tentaient une expédition contre Anvers, qui aurait réussi sans leur ineptie. Ma position empirait chaque jour.

Enfin, je parvins à jeter de nouveaux ponts sur le Danube. L'armée passa le fleuve par une nuit épouvantable. J'assistai à ce passage, parce qu'il me donnait de l'inquiétude. Il se fit à souhait. Nos colonnes eurent le temps de se former, et cette grande journée s'ouvrit sous d'heureux auspices.

La bataille fut belle parce qu'elle fut disputée. Les généraux ne firent cependant pas de grands efforts d'imagination, parce qu'ils commandaient de grosses masses sur un terrain plat : il fut longtemps défendu.

L'intrépidité de nos troupes, et une manœuvre hardie de Macdonald décidèrent la journée. Une fois rompue, l'armée autrichienne défila en désordre, dans une longue plaine où elle perdit beaucoup de monde. Je la suivis vivement, car il fallait décider la campagne. Battue en Moravie, il n'y eut d'autre parti à prendre que celui de me demander la paix. Je l'accordai pour la quatrième fois.

J'espérais qu'elle serait durable, parce qu'on

se lasse d'être battu comme de tout autre chose, et parce qu'un assez grand parti, dans Vienne, opinait en faveur d'une alliance finale avec l'Empire.

Je souhaitais la paix, parce que je sentais le besoin d'accorder quelque relâche aux peuples. Car, au lieu de goûter les avantages de la Révolution, ils n'en avaient vu jusqu'à présent que les ravages. Nous n'étions plus des protecteurs pour eux, comme au commencement de la guerre; et, pour accoutumer l'opinion de l'Europe à la nature de mon pouvoir, il ne fallait pas toujours le montrer sous un aspect hostile.

Le parti ennemi assurait, en revanche, à la foule, qu'il ne s'armait que pour la délivrer du fléau de la guerre, et pour faire baisser les marchandises anglaises. Ces insinuations faisaient des prosélytes. La guerre dépopularisait

la Révolution. C'est pourquoi je désirais la paix ;
mais il fallait obtenir le consentement du ministère anglais ; l'Autriche se chargea de la
demander. On la refusa.

Ce refus m'inquiéta. Il fallait que l'Angleterre
se connût des ressources dont je n'avais pas
le secret. Je cherchai à le découvrir mais
en vain.

Au lieu de désarmer, je fus forcé de rester
sur le pied de guerre, et de fatiguer l'Europe.
J'en étais d'autant plus fâché, que les alliés
avaient tout l'honneur de la lutte, si j'en avais
le succès. Car, ils avaient l'air innocent que
donne la défense des choses que l'on appelle
légitimes parce qu'elles sont vieilles. J'avais, en
revanche, l'air agresseur, parce que je me bat-
tais pour les détruire et pour faire du neuf. Je
portais ainsi seul le poids de l'accusation, et
cependant la guerre de la Révolution n'a été

que le résultat de la position de l'Europe.
C'était la crise qui changeait ces mœurs.
C'était la conséquence inévitable d'un passage
d'un système social à un autre. Si j'avais été
l'inventeur de ce système, j'aurais été coupable des maux qu'il a faits. Mais, il n'a été inventé par personne. Il n'a été produit que par
la marche du temps. Elle a préparé sourdement cette révolution, comme elle avait amené
celle du protestantisme, avec les malheurs qui
l'ont suivi. La guerre n'a pas dépendu davantage de moi que des alliés. Elle a dépendu de
la manière dont la création a fait le genre
humain.

L'Angleterre continua la guerre sans auxiliaires, mais non sans alliés, car elle avait pour
tels tous les ennemis de la Révolution. Nous
avions du terrain en Espagne pour nous battre.
J'y envoyai des troupes ; mais je n'y retournai

pas moi-même. J'ai eu tort, parce qu'il n'y a que soi qui fasse bien ses affaires. Mais, j'étais fatigué de ce tracas, et je méditais dès lors un projet qui devait donner à mon règne un nouveau caractère.

On me suscita, auparavant, une guerre dont je n'avais pas eu l'appréhension. Le nord était occupé par mes troupes, les Anglais n'étaient pas assez forts pour m'attaquer sur ce point. C'était dans la Méditerranée que leur marine leur assurait la supériorité; ils possédaient Malte et jouissaient de la Sicile, des côtes d'Espagne, d'Afrique et de la Grèce. Ils voulurent profiter de tant d'avantages.

Ils essayèrent d'exciter un mouvement de réaction en Italie, pour en faire une seconde Espagne, si la chose était faisable. Il y avait des mécontents partout, car je n'avais pas pu placer tout le monde dans les droits-réunis. Il y en avait en Italie comme ailleurs. Le clergé ne m'aimait pas, parce que mon règne avait détruit le sien. Les dévots me détestaient à son exemple. Le bas peuple partageait ces sentiments, parce que le clergé l'influençait encore en Italie. Le quartier général de cette opposition était établi à Rome, comme la seule ville d'Italie où elle espérait se dérober à ma surveillance. Elle communiquait de là avec les Anglais, elle provoquait la révolte, elle m'insultait dans des écrits clandestins, elle répandait de faux bruits. Elle recrutait pour les Anglais : elle soudoyait les bandits du cardinal Ruffa, pour assassiner les Français ; elle essayait de faire sauter le palais du ministre de la police à Naples. Il devenait manifeste que les Anglais avaient un plan sur l'Italie et qu'ils y fomentaient des troubles.

Je ne devais pas le permettre, je ne devais

pas souffrir qu'on insultât et qu'on assassinât des Français. Je me contentai d'en faire à diverses reprises des plaintes au Saint-Siége. J'en recevais des réponses obligeantes pour m'engager à prendre mon mal en patience. Comme je n'ai jamais été patient de mon naturel, je vis qu'il y avait une mauvaise volonté décidée contre nous, et qu'il fallait prendre les devants pour en prévenir l'explosion. Je fis occuper Rome par mes troupes.

Au lieu d'arrêter l'effervescence, cette mesure un peu violente irrita les esprits. Elle maintint le repos de l'Italie et déjoua les plans de lord Bentinck, mais la caste des dévots fit secrètement contre moi tout ce que la haine et l'esprit de l'Église peuvent suggérer.

Ce foyer de troubles avait des ramifications en France et en Suisse. Le clergé, les mécontents, les partisans de l'ancien régime (car il y en avait encore) s'étaient réunis pour intriguer contre mon autorité, et me faire le plus de mal qu'ils pourraient. Ils ne se présentaient plus comme conjurés ; ils avaient emprunté les bannières de l'Église, et se battaient avec des foudres et non avec du canon. Ils avaient leur mot d'ordre et de ralliement. C'était une maçonnerie orthodoxe que je ne pouvais atteindre nulle part, parce qu'elle était partout.

Il était, d'ailleurs, difficile d'attaquer ces gens en détail, parce que c'aurait été une persécution. Or, c'est le métier des faibles et non des forts. Je crus pouvoir dissiper ce parti en l'effrayant par un grand coup d'autorité. Je voulais lui montrer ma résolution, pour lui faire comprendre que je voulais maintenir le respect de l'ordre et de l'autorité, et que rien ne me coûtait pour y parvenir.

Je savais que je ne pouvais pas atteindre plus

sùrement ce parti qu'en le séparant du chef de l'Église. J'attendis longtemps avant de prendre cette résolution, parce que j'y répugnais ; mais plus je tardais plus il devenait nécessaire de me décider. Je me répétais que Charles-Quint, qui était dévot et moins puissant que moi, avait osé faire un pape prisonnier. Il ne s'en était pas mal trouvé, et je crus pouvoir tenter la même chose. Le pape fut enlevé de Rome et conduit à Savone. Rome fut réunie à la France.

Cet acte de politique a suffi pour déjouer les projets de l'ennemi. L'Italie est restée calme et dévouée jusqu'au jour où l'Empire a fini. Mais la guerre de l'Église se poursuivit avec le même acharnement. Le zèle des dévots se ralluma. C'était une action sourde, mais venimeuse contre moi. Quelques soins que j'aie pris, les dévots sont parvenus à communiquer avec Savone, et à recevoir leurs instructions ; les Trappistes de

Fribourg faisaient aller cette correspondance ; elle s'imprimait chez eux, et circulait de curés en curés dans tout l'Empire. Il fallut transférer le Saint-Siége à Fontainebleau, et chasser les Trappistes pour arrêter ces communications, et je crois que je n'y suis pas parvenu.

Cette petite guerre a été d'un mauvais effet, parce que je n'ai pu lui ôter le caractère de persécution. Il fallait sévir forcément contre des gens désarmés, et j'en faisais malgré moi des victimes. Ces malheureuses affaires de l'Église m'ont fait jusqu'à cinq cents prisonniers d'État, la politique n'en a pas donné cinquante. J'ai eu tort dans toute cette affaire : j'étais assez fort pour laisser courir les faibles, et j'ai fait beaucoup de mal, parce que j'ai voulu le prévenir.

Un grand projet occupait l'État, il me paraissait de nature à consolider mon règne, en me plaçant, vis-à-vis de l'Europe, dans un nouveau rapport. J'en attendais de grands résultats.

Mon pouvoir n'était plus contesté ; il ne lui manquait que le caractère de perpétuité qu'il ne pouvait recevoir tant que je n'avais pas d'héritiers. Ma mort pouvait être, sans cela, un moment dangereux pour ma dynastie, car pour être entière, il ne faut pas qu'une autorité ait des époques marquées d'avance.

Je comprenais la nécessité de me séparer d'une femme dont je ne pouvais plus attendre de postérité. J'y répugnais par la douleur de quitter la personne que j'ai le plus aimée. Je fus longtemps avant de m'y résoudre. Mais elle s'y résigna d'elle-même avec le dévouement qu'elle a toujours eu pour moi. J'acceptai son sacrifice, parce qu'il était indispensable. La politique la plus simple m'indiquait l'alliance de la maison d'Autriche. La cour de Vienne était fatiguée de ses revers. En s'unissant sans retour avec moi, elle mettait sa sécurité sous ma garantie ; par cette alliance elle devenait complice de ma grandeur, et j'avais, dès lors, autant d'intérêt à la protéger que j'en avais eu à la battre. Par cette alliance, nous formions la masse de puissance la plus formidable qui ait existé. Nous dépassions l'Empire romain. Cette alliance se contracta.

Il ne resta plus sur le continent, en dehors de notre masse, que la Russie et les débris de la Prusse ; le reste nous obéissait. Une si grande prépondérance devait porter le découragement chez nos ennemis ; et j'ai pu croire, sans trop de prétentions, que j'avais fini mon œuvre, et que j'avais placé mon trône à l'abri des tempêtes.

Mon calcul était juste, mais les passions ne calculent pas. L'apparence était cependant en ma faveur. Le continent était tranquille , et

s'accoutumait à me voir régner, il me le témoignait, du moins, par ses génuflexions. Elles
étaient si profondes, qu'un plus habile y aurait
été trompé comme moi. Le respect qu'on portait
au sang de la maison d'Autriche, légitimait mon
règne aux yeux des souverains. Ma dynastie
prenait rang dans l'Europe, et je sentais qu'on
ne disputerait plus le trône au fils à qui l'Impératrice venait de donner le jour !

Il n'y avait plus de troubles qu'en Espagne
où les Anglais avaient porté de grandes forces,
mais cette guerre ne me donnait point d'in-
quiétudes, parce que j'avais résolu d'être plus
tenace encore que les Espagnols, et qu'avec
du temps on vient à bout de tout.

L'Empire était assez fort pour soutenir cette
guerre sans en être offensé. Elle n'empêchait
ni les embellissements dont je décorais la
France, ni les entreprises utiles qu'elle ré-

clamait. L'administration s'améliorait. J'organisais les institutions qui devaient assurer la force de l'Empire, en relevant une génération pour devenir son appui.

L'obligation de maintenir le système continental amenait seul des difficultés avec les gouvernements dont le littoral facilitait la contrebande. Entre ces États, la Russie se trouvait dans une situation embarrassante : sa civilisation n'était pas assez avancée pour lui permettre de se passer des produits de l'Angleterre. J'avais exigé cependant qu'ils fussent prohibés ; c'était une absurdité, mais elle était indispensable pour compléter le système prohibitif. La contrebande se faisait. Je l'avais prévu, parce que le gouvernement russe surveillait mal son pays ; mais, comme on passe moins par les portes fermées que par les portes ouvertes, la contrebande amène toujours moins de marchandises que la libre entrée. Je remplissais ainsi les deux tiers de mon but. Cependant, je ne m'en plaignis pas moins. On se justifia ; on recommença ; nous nous irritions. Cette manière d'être ne pouvait durer.

Nous devions en effet nous froisser avec la Russie, depuis l'alliance que j'avais contractée avec l'Autriche. La Russie devait savoir que notre union ne pouvait pas avoir d'autre ennemi qu'elle-même, attendu que nous étions maîtres de tout le reste. Il fallait donc qu'elle se résignât à une complaisante nullité, ou qu'elle essayât de nous tenir tête et de maintenir son rang. Elle était trop forte pour consentir à n'être rien. Elle était aussi trop faible pour nous résister ; mais, dans cette alternative, il valait mieux mettre de la fierté dans son attitude que de se reconnaître d'avance pour vaincue ; car ce dernier parti est toujours le plus mauvais. La Russie se décida pour le premier.

D'après cela, je rencontrai inopinément de la hauteur dans mes rapports avec Saint-Pétersbourg. On me refusa de confisquer les contrebandes. On se plaignit de l'occupation d'Oldenbourg. Je répondis sur le même ton. Il était clair que nous allions nous brouiller, car nous n'étions endurants ni l'un ni l'autre, et nous étions de force à nous mesurer.

J'avais une grande confiance dans l'issue de cette guerre, parce que j'avais conçu un plan au moyen duquel j'espérais terminer, pour toujours, la longue lutte dans laquelle j'avais consumé ma vie; il me semblait d'ailleurs que, parvenus au point où nous en étions de notre histoire, les souverains de l'Europe ne devaient point prendre de part directe à ce dernier conflit, car nos intérêts étaient devenus les mêmes. La politique des princes devait pencher main-

tenant en ma faveur, puisque mon métier n'é-
tait plus d'ébranler les trônes, mais de les
affermir ; j'avais rendu de nouveau la royauté
formidable. En cela j'avais travaillé pour eux ;
ils étaient sûrs de régner par mon alliance,
également à l'abri de la guerre et des révolutions. Cette politique était si grosse que je
crus les souverains assez clairvoyants pour
l'apercevoir. Je ne me défiai pas d'eux. Qui
aurait pu deviner en effet que, séduits par la
haine qu'ils avaient pour moi, ils abandonne-
raient le parti du trône, et remettraient eux-
mêmes la Révolution dans leurs États, pour en
être tôt ou tard victimes ?

J'avais calculé que la Russie était d'un trop
gros volume pour qu'elle pût jamais entrer
dans le système européen que je venais de
refaire et dont la France était le centre ; il fallait
donc la remettre en dehors de l'Europe, pour

qu'elle ne gâtât pas l'unité de ce système. Il fallait donner, à cette nouvelle démarcation politique, des frontières assez solides pour résister au poids de toute la Russie. Il fallait remettre de force cet État dans la place qu'il occupait il y a cent ans.

Il n'y avait que la masse de mon Empire qui fût assez vigoureuse pour tenter un pareil acte de violence politique. Mais je crois qu'il était possible et je crois qu'il était l'unique moyen de mettre le monde à l'abri des Cosaques.

Pour faire réussir ce plan, il fallait refaire la Pologne sur une base étoffée, et battre les Russes pour leur faire accepter les frontières qu'on allait tracer avec la pointe de l'épée. La Russie aurait pu signer, sans honte, la paix qui devait établir ces frontières, parce qu'elle n'aurait rien eu d'outrageant pour elle. C'était un aveu de sa force, un signe de crainte de notre part.

Placée ainsi, par mes précautions, hors du rayon de l'économie européenne, séparée de cette économie par trois cent mille gardiens, la Russie aurait renoué avec l'Angleterre ; elle aurait conservé son indépendance politique et sa manière d'être, avec son intégrité, parce qu'elle nous aurait été aussi étrangère que le royaume du Thibet. Il n'y avait de raisonnable que ce plan. On en regrettera tôt ou tard la ruine ; car l'Europe rangée, par un consentement mutuel, sous un système unique, refondue sur le modèle que demandait la disposition du siècle, aurait offert le plus grand spectacle que l'histoire ait décrit. Mais trop de préventions obstruaient les yeux des souverains pour qu'ils pussent voir le danger là où il était. Ils crurent le voir là où était le secours.

Je partis pour Dresde. Cette guerre allait décider sans retour la question qui se débattait depuis vingt ans, puisque cette guerre devait être la dernière ; car, au-delà de la Russie, le monde finit. Nos ennemis n'avaient plus qu'un moment ; c'est pourquoi ils tentèrent leur dernier effort. La cour d'Autriche commença par déranger mes plans sur la Pologne , en refusant de rendre ce qu'elle en avait pris.

Je crus être tenu à des égards pour elle, et cette seule faiblesse a perdu mes affaires ; car du moment que j'avais cédé sur ce point, il me fut impossible d'aborder franchement la question de l'indépendance polonaise. Je fus obligé de morceller ce pays, sur lequel devait reposer la sécurité de l'Europe. Je donnai par ma faiblesse un mécontentement et surtout de la défiance aux Polonais ; car ils virent que je les sacrifiais à nos convenances. Je sentis ma faute et j'en eu honte. Je ne voulus pas aller à Varsovie, je n'y avais plus rien à faire pour le moment. Je n'avais d'autre parti à prendre que celui de confier aux victoires à venir le sort de cette nation.

Je savais que la témérité réussit souvent ; je pensais qu'il me serait possible de faire en une seule campagne ce que j'avais compté faire en deux. Cette promptitude me plaisait ; car je commençais à avoir de l'inquiétude dans le caractère. J'étais à la tête d'une armée qui ne connaissait plus d'autre sentiment que celui de la gloire, et plus d'autre patrie que les champs de bataille. Au lieu d'assurer mon terrain et d'avancer à coup sûr, je traversai la Pologne, et passai le Niémen. Je battis les armées qu'on m'opposait ; je marchai sans relâche, et j'entrai à Moscow.

Ce fut le terme de mes succès, et il aurait dû être aussi celui de ma vie.

Maître d'une capitale que les Russes m'avaient

remise en cendres, j'aurais dû croire que cet
Empire s'avouerait vaincu, et qu'il accepterait les
belles conditions de paix que je lui fis proposer, mais ce fut alors que la fortune abandonna
notre cause. L'Angleterre conclut un traité entre
la Russie et la Porte qui rendit l'armée russe disponible. Un Français tombé par hasard sur le
trône de la Suède, trahit les intérêts de sa patrie,
et s'allia avec ses ennemis, dans l'espoir de
troquer la Finlande contre la Norwége.

Il traça lui-même le plan de défense de la
Russie, et l'Angleterre empêcha qu'elle n'accep-
tât la paix. Je fus étonné des retards qu'éprou-
vait sa conclusion; la saison s'avançait; il
devint évident qu'on ne voulait pas la paix.
Dès que j'en fus certain, j'ordonnai la retraite.
Les éléments la rendirent sévère. Les Fran-
cais s'y acquirent de l'honneur par la fermeté
avec laquelle ils supportèrent ce revers. Leur

courage ne les a jamais quittés qu'avec la vie. Ébranlé moi-même par la vue de ce désastre, j'ai eu besoin de me rappeler qu'un souverain ne doit jamais ni plier ni s'attendrir.

L'Europe était encore plus étonnée de mes revers qu'elle ne l'avait été de mes succès, mais je ne devais pas me méprendre à sa stupeur. Je venais de perdre la moitié de cette armée qui avait fait sa terreur. On pouvait espérer d'en dissiper les restes, car la proportion des forces était changée. Je devais donc prévoir que, le premier étonnement passé, j'allais retrouver contre moi l'éternelle coalition dont j'entendais déjà les cris de joie.

C'est un mauvais moment pour faire la paix, que celui d'une défaite. Cependant, l'Autriche, qui se consolait de me voir baisser , (puisque sa part dans notre alliance en devenait meilleure) l'Autriche voulut proposer la paix. Elle offrit sa médiation ; mais on n'en voulut pas : elle avait tué son crédit.

Il fallait donc vaincre de nouveau , et je fus sûr de mon fait, lorsque je vis la France partager mon opinion. Jamais l'histoire n'a montré un grand peuple sous un plus beau jour. Affligé de ses pertes, il ne songea qu'à les réparer. En trois mois il en vint à bout. Ce seul fait répond aux clabauderies de ces hommes qui ne savent triompher que par les désastres de leur patrie.

La France me doit, peut-être, une partie de l'attitude qu'elle conserva dans le malheur ; et s'il y a eu dans ma carrière un moment qui mérite l'estime de la postérité, ce doit être celui-là, car il me fut pénible à soutenir.

Je reparus ainsi, à l'ouverture de la campagne, aussi formidable que jamais. L'ennemi fut surpris de revoir si tôt nos aigles ; l'armée que je commandais était plus belliqueuse qu'aguerrie ;

mais elle portait l'héritage d'une longue gloire, et je la menai à l'ennemi avec confiance. J'avais une grande tâche à remplir; il fallait refaire notre crédit militaire, et reprendre, sous œuvre, la lutte qui avait été près de se terminer. Je tenais encore l'Italie, la Hollande et la plupart des places d'Allemagne. Je n'avais perdu que peu de terrain; mais l'Angleterre redoublait ses efforts. La Prusse nous faisait la guerre par insurrection. Les princes de la Confédération se tenaient prêts à marcher au secours du plus fort, et comme je l'étais encore, ils suivaient mes drapeaux, mais mollement. L'Autriche tâchait de garder la dignité des neutres, tandis qu'on courait l'Allemagne avec des brandons pour ameuter le pays contre nous. Tout mon système était ébranlé.

Le sort du monde appartenait au hasard, car il n'y avait de plan arrêté nulle part. Il dépendait d'une bataille. La Russie devait décider la question, parce qu'elle se battait avec de grandes forces et de bonne foi.

J'attaquai l'armée prussienne et je la battis trois fois.

Comme ce succès dérangeait les plans favoris de l'Angleterre, on fit semblant d'abandonner tous les projets hostiles, et l'on chargea l'Autriche de me proposer la paix.

Les conditions en étaient supportables en apparence, et beaucoup d'autres à ma place les auraient acceptées; car on ne me demandait que la restitution des provinces illyriennes et des villes anséatiques, la nomination de souverains indépendants, dans les royaumes d'Italie et de Hollande, la retraite de l'Espagne, et le retour du pape à Rome. On devait me demander, en outre, de renoncer à la Confédération du Rhin, et à la médiation de la Suisse, mais on avait ordre de céder sur ces deux articles.

J'étais donc bien baissé dans l'opinion, puisque, après trois victoires, on osait m'offrir d'abandonner des États que les alliés n'osaient pas même menacer encore.

Si j'avais consenti à recevoir la paix, l'Empire aurait déchu plus vite qu'il ne s'était élevé. Il restait, par ce traité, encore puissant sur la carte, mais il n'était plus rien dans le fait. L'Autriche, en s'élevant au rôle de médiateur, rompait notre alliance et s'unissait à l'ennemi : en restituant les villes anséatiques, j'apprenais que je pouvais rendre, et tout le monde aurait voulu ravoir son indépendance, je mettais l'insurrection dans tous les pays réunis. En abandonnant l'Espagne, j'encourageais toutes les résistances ; en déposant la couronne de fer, je mettais en compromis celle de l'Empire Les chances de la paix m'étaient toutes funestes, celles de la guerre pouvaient me sauver.

Il faut le dire, de trop grands succès et de trop grands revers avaient marqué mon histoire pour qu'il me fût permis de remettre la partie à un autre jour. Il fallait que la grande révolution du XIX° siècle s'achevât sans retour ou qu'elle s'étouffât sous un monceau de morts. Le monde entier était en présence pour décider cette question. Si j'avais signé la paix, à Dresde, je l'aurais laissée indécise, et il aurait fallu la reprendre plus tard. Il aurait fallu recommencer cette longue carrière de succès que j'avais déjà parcourue. Il aurait fallu la recommencer, lorsque je n'étais plus jeune, avec un Empire fatigué, auquel j'avais promis la paix, et qui m'aurait blâmé de ne l'avoir pas acceptée.

Il valait donc mieux profiter d'un moment unique, où la destinée du monde ne tenait plus qu'à une seule bataille, car on me l'aurait abandonné si je l'avais gagnée.

Je refusai la paix. Comme chacun voit par ses yeux, l'Autriche ne vit que mon imprudence et crut le moment favorable pour se ranger avec mes ennemis : je ne fus cependant convaincu de sa défection qu'au dernier moment : mon plan de campagne était fait. Il aurait produit un résultat décisif.

L'inconvénient des grandes armées, c'est que le général ne peut être partout. Mes manœuvres étaient, je crois, les meilleures que j'aie combinées, mais le général Vandamme quitta sa position et se fit prendre, croyant se faire maréchal d'empire. Macdonald manqua se noyer dans des débordements. Le maréchal Ney se laissa franchement battre, et mon plan fut renversé en quelques heures.

J'étais battu, j'ordonnai la retraite ; j'étais

encore assez fort pour reprendre l'offensive en changeant de terrain. Je ne voulus pas perdre l'avantage des places que j'occupais, puisque, avec une seule victoire, je me trouvais maître du nord jusqu'à Dantzig. Je renforçai, au contraire, mes garnisons et leur ordonnai de tenir jusqu'à l'extrémité. En cela elles ont exécuté mes or — dres.

Je me retirais lentement avec une masse imposante ; mais je me retirais, et les ennemis me suivaient en se grossissant ; car rien n'augmente les bataillons comme le succès. Toute l'inimitié que le temps avait amassée se soulevait à la fois. Les Allemands voulaient se venger des maux de la guerre : le moment était propice ; j'étais battu. Comme je l'avais prévu, les ennemis sortaient de terre. Je les attendis à Leipzig, dans ces mêmes plaines où ils avaient été battus peu auparavant.

Notre position n'était pas bonne, parce que nous étions attaqués en demi-cercle. La victoire même ne pouvait avoir de grands résultats pour nous. Nous eûmes en effet l'avantage le premier jour, mais sans pouvoir reprendre l'offensive. C'était donc une bataille nulle, et il fallut la recommencer. L'armée se battait bien, malgré sa lassitude, mais alors, par un acte que la postérité appréciera comme elle voudra, les alliés qui se battaient dans nos rangs tournèrent inopinément leurs armes contre nous, et nous fûmes vaincus.

Nous reprîmes le chemin de la France ; mais une si grande retraite ne put se faire sans désordre. L'épuisement, la faim firent périr beaucoup de monde. Les Bavarois, après avoir déserté nos drapeaux, voulurent nous empêcher de revenir en France. Les Français passèrent sur leurs cadavres et rentrèrent à Mayence.

Cette retraite coûta autant de monde que celle
de la Russie.

Nos pertes étaient si grandes que j'en fus
moi-même consterné. La nation en fut abattue.
Si les ennemis avaient poursuivi leur marche,
ils seraient entrés avec notre arrière-garde dans
Paris. Mais l'aspect de la France les intimida.
Ils regardèrent longtemps nos frontières avant
d'oser les franchir.

Il ne s'agissait plus alors de la gloire, mais
de l'honneur de la France ; c'est pourquoi je
comptais sur les Français. Mais je n'étais plus
heureux, je fus mal servi. Je n'en accuse pas
ce peuple, toujours prêt à verser son sang pour
la patrie. Je n'en accuse pas la trahison, car
il est plus difficile de trahir qu'on ne croit, je
n'en accuse que ce découragement, fruit ordinaire du malheur ; je n'en fus pas exempt moi-
même. L'homme découragé reste indécis, parce

qu'il ne voit devant lui que de mauvais partis, et ce qu'il y a de pire dans les affaires, c'est l'indécision.

J'aurais dû me défier davantage de cet abâtardissement général et pourvoir à tout par moi-même, mais je me confiais à un ministère épouvanté, où tout s'exécutait mal. Les places fortes n'étaient ni réparées ni munies, parce qu'elles n'avaient pas été menacées depuis vingt ans. Le zèle des paysans y pourvoyait ; mais la plupart des commandants étaient de vieux infirmes, qu'on avait mis là pour se reposer. La plupart de mes préfets étaient timides et ne songèrent qu'à emballer, au lieu de se défendre. J'aurais dû les changer à temps pour n'avoir en première ligne que des hommes intrépides, si tant est qu'on en trouve dans ceux qui ont à perdre.

Rien n'était encore prêt pour notre défense

lorsque les Suisses livrèrent aux alliés le passage du Rhin. Malgré leurs victoires, les ennemis n'avaient pas osé l'aborder de front, et ils
n'avancèrent qu'à pas de loup. Ils étaient ef-
frayés de marcher sans obstacles sur cette terre
qu'ils croyaient hérissée de baïonnettes. Ils ne
rencontrèrent nos avant-gardes qu'à Langres.
Alors commença cette campagne trop connue
pour que je la répète, mais qui laissera un
nom immortel à cette poignée de braves qui ne
désespérèrent pas du salut de la France. Ils me
rendirent de la confiance, et je crus à trois
reprises que rien n'était impossible avec de tels
soldats.

J'avais encore une armée en Italie et de fortes
garnisons dans le nord, mais je n'avais pas le
temps de les faire venir à mon secours. Il fallait
vaincre sur place. Le sort de l'Europe s'était
concentré sur moi seul. Il n'y avait d'important

que le point où j'étais. Les alliés m'offraient la paix, tant ils se défiaient de leurs succès. Après l'avoir refusée à Dresde , je ne pouvais pas l'accepter à Châtillon. Pour faire la paix, il fallait sauver la France et replanter nos aigles sur le Rhin.

Après une telle épreuve, nos armées auraient été réputées invincibles. Nos ennemis auraient tremblé devant cette fatalité qui me donnait la victoire. Maître encore du midi et du nord par mes garnisons , une seule bataille me rendait mon ascendant, j'aurais eu la gloire des revers comme celle des victoires.

Le résultat était prêt, mes manœuvres avaient réussi. L'ennemi était tourné, il perdait la tête. Une émeute générale allait finir, il ne fallait plus qu'un moment. Mais ma perte était décidée. Un courrier que j'avais imprudemment dépêché à l'Impératrice tomba dans les mains des alliés

Il leur fit voir qu'ils étaient perdus. Un Corse qui se trouvait dans leur conseil leur apprit que la prudence était la plus dangereuse audace ; ils prirent le seul parti que je n'avais pas prévu, parce que c'était le seul bon ; ils gagnèrent l'avance et marchèrent sur Paris.

On avait promis de leur en faciliter l'entrée, mais cette promesse aurait été illusoire si j'avais remis la défense de Paris en de meilleures mains. Je m'étais confié à l'honneur de la nation, et j'avais laissé follement en liberté ceux que je connaissais pour en être dépourvus. J'arrivai trop tard à son secours, et cette ville qui n'a su défendre ni ses souverains ni ses murailles, avait ouvert ses portes à l'étranger.

J'ai accusé le général Marmont de m'avoir trahi. Je lui rends justice aujourd'hui. Aucun soldat n'a trahi la foi qu'il devait à son pays ; c'est dans une autre classe qu'on a trouvé des lâches. Mais je ne fus pas maître d'un premier mouvement de douleur, en voyant la capitulation de Paris signée par mon plus ancien frère d'armes.

La cause de la Révolution était perdue puisque j'étais vaincu. Ce n'étaient ni les royalistes, ni les poltrons, ni les mécontents qui m'avaient renversé : c'étaient les armées ennemies. Les alliés étaient maîtres du monde puisque je ne leur disputais plus cet empire.

J'étais à Fontainebleau, entouré d'une troupe fidèle, mais peu nombreuse. J'aurais pu tenter avec elle le sort des combats, car elle était capable d'actions héroïques. Mais la France aurait payé trop cher le plaisir de cette vengeance. Elle aurait eu le droit de m'accuser de ses maux. Je veux qu'elle ne m'accuse que de la gloire où j'ai porté son nom. Je me résignai. On vint me proposer des abdications. Pour ma part, je trouvais que c'était une momerie. J'avais abdiqué le jour où j'avais été battu. Mais cette formule pouvait servir un jour à mon fils. Je n'hésitai pas à la signer.

Un parti nombreux aurait souhaité que cet enfant montât sur le trône pour conserver la Révolution avec ma dynastie, mais la chose était impossible.

Les alliés n'avaient pas même le choix ; ils étaient obligés de rappeler les Bourbons. Chacun s'est vanté d'avoir opéré leur retour. Ce retour était forcé ; il était la conséquence immédiate des principes pour lesquels on se battait depuis vingt-cinq ans.

En prenant la couronne, j'avais mis les trônes à l'abri des peuples. En la rendant aux Bourbons on les mettait à l'abri des soldats heureux. C'était donc la seule manière d'éteindre sans retour le feu révolutionnaire. L'appel de tout autre souverain sur le trône de France n'aurait été qu'une sanction solennelle de la Révolution, c'est-à-dire un acte insensé dans l'intérêt des souverains.

Je dirai plus : le retour des Bourbons était un bonheur pour la France. Il la sauvait de l'anarchie et lui promettait le repos, parce qu'il lui assurait la paix. Elle était forcée entre les alliés et les Bourbons, parce qu'ils se servaient mutuellement de garantie. La France n'était pas complice de cette paix parce qu'elle n'était pas en sa faveur, mais pour le profit de la famille qu'il convenait aux alliés de remettre sur le trône. C'était un traité où l'on voulait faire bonne part à tout le monde. C'était donc la meilleure manière dont la France pût se tirer de la plus grande défaite qu'une nation guerrière ait jamais éprouvée.

J'étais prisonnier. Je m'attendais à être traité

comme tel, mais soit par cette sorte de respect qu'inspire un vieux guerrier, soit par l'esprit de générosité qui a présidé à cette révolution, on me proposa de choisir un asile. Les alliés me cédèrent une île et un titre qu'ils regardèrent comme aussi vains l'un que l'autre ; ils me permirent (et en cela leur générosité fut pleine de noblesse), ils me permirent d'emmener avec moi un certain nombre de ces vieux soldats avec lesquels j'avais couru tant de fortunes, ils me permirent d'emmener avec moi quelques-uns de ces hommes que le malheur ne décourage pas.

Séparé de ma femme et de mon fils, contre toutes les lois divines et humaines, je me retirai dans l'île d'Elbe, sans aucune espèce de projets pour l'avenir. Je n'étais plus qu'un spectateur du siècle ; mais je savais, mieux que personne, en quelles mains l'Europe allait tomber. Je savais, d'après cela, qu'elle serait menée par le hasard. Les chances de ce hasard pouvaient me remettre en jeu. Cependant, l'impuissance d'y contribuer m'empêchait de former des plans, et je vivais comme étranger à l'histoire, mais la marche des événements se précipita plus que je ne croyais, et je fus surpris par eux dans ma retraite.

Je recevais les journaux : ils m'apprenaient le gros de l'affaire, je tâchais de saisir l'esprit à travers leurs mensonges.

Il me parut évident que le roi avait connu le secret de notre siècle ; il avait su que la majorité de la France voulait la Révolution. Il savait, par vingt-cinq ans d'expérience, que son parti était trop faible pour résister à cette majorité. Il savait que la majorité finit par faire la loi. Il fallait donc, pour régner, qu'il régnât avec la majorité, c'est-à-dire, avec la Révolution, mais, pour n'être pas révolutionnaire lui-même, il fallait que le roi refît la Révolution comme à neuf, en vertu du droit divin qui lui était départi.

Cette idée était ingénieuse, elle rendait les Bourbons révolutionnaires en sûreté de conscience, et rendait les révolutionnaires royalistes, en maintenant leurs intérêts et leurs opinions ; il ne devait donc plus y avoir qu'un cœur et qu'une âme dans toute la nation. C'est ce qu'on répétait, mais c'est ce qui n'était pas vrai.

Il y avait, cependant, tant de bonheur dans cette combinaison, que la France, sous ce régime, aurait été florissante en peu d'années. Le roi aurait résolu en un trait de plume le problème pour lequel j'avais combattu vingt ans, puisqu'il établissait la nouvelle économie politique en France, et la faisait reconnaître, sans aucune contestation, de toute l'Europe. Il ne lui fallait, pour réussir, que de savoir être maître chez lui.

Pour opérer ce grand œuvre, le roi avait donné une charte jetée sur le moule où on a fait toutes les chartes. Elle était excellente, parce qu'elles le sont toutes quand on les fait marcher. Mais les chartes ne sont que des feuilles de papier, elles n'ont de valeur que par l'autorité qui se charge de les défendre. Or, cette autorité ne se plaça nulle part. Au lieu de se réunir dans les seules mains qui en étaient responsables, le roi la laissa s'éparpiller dans tout le parti qui portait son nom. Au lieu d'être l'unique chef de l'État, il se laissa constituer en chef de parti. Tout prit, en France, une couleur fâcheuse. L'anarchie s'y mit.

Dès lors, il n'y eut plus que de l'inconséquence dans le système de la cour. Les mots n'allaient jamais aux choses, parce qu'on voulait au fond du cœur autre chose que ce qui était

Le roi avait donné la charte pour empêcher

qu'on ne la prît ; mais il était évident que, le premier moment passé, les royalistes espéraient la retenir brin à brin, parce qu'au fond, elle ne leur allait pas.

Il ne se posait donc que des pierres d'attente, dans l'édifice du gouvernement. On avait refait la noblesse, mais on ne lui avait donné ni des prérogatives ni du pouvoir. Elle n'était pas démocratique, parce qu'elle était exclusive, elle n'était pas aristocratique, parce qu'elle n'était rien dans l'État ; c'était donc un mauvais service qu'on avait rendu à la noblesse, en la remettant sur pied de cette manière ; car on l'avait mise en prise, parce qu'elle était offensante, sans lui donner aucun moyen de se défendre. C'était un contre-sens qui devait amener des froissements continuels.

On voulait refaire le clergé, mais on choisit un Évêque défroqué pour relever le trône et l'autel.

On voulait passer l'éponge sur la Révolution, mais on exhumait les cadavres.

On voulait faire marcher la Révolution de 89, avec les royalistes, et la contre-révolution du 31 mars, avec des ex-constitutionnels. Ils faisaient également mal leur devoir : parce qu'on ne fait marcher des révolutions qu'avec les hommes qui sont nés avec elle. Le roi n'aurait dû se servir que de gens de vingt ans.

On voulait maintenir la Révolution, et l'on avilissait ses institutions; on décourageait, par là, la masse de la nation, qui avait été élevée avec elle, et s'était accoutumée à la respecter.

On gardait mes soldats, parce qu'on en avait peur, et on les faisait passer en revue par des gens qui parlaient de gloire en saluant des Cosaques.

Personne ne prenait confiance dans ce qui existait, parce qu'on n'y voyait de points d'appui nulle part. Ils n'étaient point dans leurs intérêts, parce qu'ils étaient tous compromis; ni dans les opinions, puisqu'elles étaient toutes froissées ; ni dans la force , puisqu'il n'y avait, à la tête des affaires, ni bras ni volonté.

J'étais assez bien informé de ce qui se passait à Vienne, où l'on s'amusait à me singer. Je sus à temps que les ministres de France avaient décidé le congrès à m'enlever de l'île d'Elbe, pour m'exiler à Sainte-Hélène. J'eus quelque peine à croire que l'empereur de Russie eût consenti à manquer si vite à la foi des traités, car j'ai toujours eu beaucoup d'estime pour son caractère ; mais enfin, j'acquis cette certitude, et je pensai à me soustraire au sort qu'on me destinait. Mes faibles moyens de défense auraient été bientôt anéantis; je devais donc essayer de m'en créer d'assez grands, pour me rendre une seconde fois redoutable à mes ennemis. La

France n'avait point de confiance dans son gouvernement. Le gouvernement n'en avait point dans la France. La nation avait senti que ses intérêts n'étaient pas ceux du trône ; que ceux du trône n'étaient pas les siens. C'était une trahison mutuelle qui devait perdre l'une ou l'autre ; il était temps de la prévenir et je conçus un projet qui paraîtra audacieux dans l'histoire, et qui n'était que raisonnable en réalité.

Je pensai à remonter sur le trône de France. Quelque faibles que fussent mes forces, elles étaient encore plus grandes que celles des royalistes , car j'avais pour allié l'honneur de la patrie, qui ne périt jamais dans le cœur des Français.

Je me confiai dans cet appui. Je passai en revue cette petite troupe à laquelle je destinais une si grande entreprise. Ces soldats étaient mal vêtus, car je n'avais pas eu de quoi les équiper à neuf, mais ils avaient des cœurs intrépides.

Mes préparatifs ne furent pas longs, car je n'emportais que des armes. Je pensais que les Français nous donneraient de tout. Le colonel anglais qui séjournait près de moi, avait été se divertir à Livourne, et je mis à la voile par un bon vent.

Notre petite flotille n'éprouva pas d'accidents. Notre traversée dura cinq jours. Je revis la côte de France près de la même plage où j'avais pris terre, quinze ans auparavant, à mon retour d'Égypte. La fortune semblait me sourire alors : comme alors, je revenais sur cette terre de gloire pour relever ses aigles et lui rendre son indépendance.

Je débarquai sans obstacles. Je me retrouvais en France. J'y revenais malheureux ; mon cortége ne consistait qu'en un petit nombre d'amis et de frères d'armes qui avaient partagé avec moi le bonheur et l'adversité. Mais c'était une raison pour attirer le respect et l'amour des Français.

Je n'avais point de plan déterminé, parce que je n'avais que des données vagues sur l'état des choses. J'attendais mes décisions des événements. J'avais seulement quelque parti pris pour des cas probables.

Je n'avais qu'une seule route à tenir, parce qu'il me fallait un point d'appui. Grenoble était la place forte la plus voisine. Je marchai donc sur Grenoble, aussi vite que possible, parce que je voulais savoir à quoi m'en tenir sur mon entreprise. L'accueil que je reçus, sur ma route, surpassa mon attente et confirma mon projet. Je vis que la portion du peuple qui n'était pas corrompue ni par des passions ni par des intérêts, conservait un caractère mâle que l'humiliation blessait.

Je découvris enfin les premières troupes qu'on avait fait marcher contre moi : c'étaient mes soldats. Je m'avançai sans crainte, tant j'étais sûr qu'ils n'oseraient faire feu sur moi. Ils revoyaient leur empereur marchant à la tête de ces vieux maîtres de la guerre, qui leur avaient si souvent tracé le chemin des combats. J'étais le même encore, puisque je leur rapportais l'indépendance avec mes aigles.

Qui n'aurait pu croire que des soldats français balanceraient un moment entre des serments officiels prêtés sous les drapeaux de l'étranger et la foi qu'ils avaient jurée à celui qui venait pour affranchir leur patrie ?

Le peuple et les soldats me reçurent avec les mêmes cris de joie. Je n'avais que ces cris pour cortége ; mais ils valaient mieux que toutes les troupes, car ils me promettaient le trône.

Je m'attendais à trouver quelque résistance de la part des royalistes, mais je me trompais : ils n'en opposèrent aucune, et j'entrai dans Paris sans les apercevoir, si ce n'est aux fenêtres. Jamais entreprise plus téméraire, en apparence, ne coûta moins de peine à exécuter : c'est qu'elle était conforme aux vœux de la nation, et que tout devient facile quand on suit l'opinion.

La révolution fut terminée en trente jours sans avoir coûté une seule goutte de sang. La France avait changé d'aspect : les royalistes allèrent crier au secours chez les alliés. La nation, rendue à elle-même, reprit de la fierté. Elle était libre, puisqu'elle venait de faire, en me replaçant sur le trône, le plus grand acte de spontanéité qui appartienne aux peuples. Je n'y étais ainsi que par son vœu, car je ne l'aurais pas conquis avec mes six cents soldats. Elle ne me redoutait plus comme prince. Elle m'aimait comme son sauveur. La grandeur de mon entreprise avait effacé mes revers, elle m'avait rendu la confiance des Français. J'étais de nouveau l'homme de leur choix.

Jamais aussi la totalité d'une nation ne s'est exposée à la situation la plus dangereuse avec tant d'abandon et d'intrépidité. Elle n'en a calculé ni le péril ni les conséquences, l'amour de l'indépendance enflammait ce peuple que l'histoire placera avant tous les autres.

J'avais refusé la paix qu'on m'offrait à Châtillon, parce que j'étais sur le trône de France et qu'elle me faisait descendre trop bas. Mais je pouvais accepter celle qu'on avait accordée aux Bourbons, parce que je venais de l'île d'Elbe, et l'on peut s'arrêter quand on monte, jamais quand on descend.

Je crus que l'Europe, étonnée de mon retour et de l'énergie du peuple français, craindrait de recommencer la guerre avec une nation dont elle voyait la témérité et avec un homme dont le caractère était plus fort à lui seul que toutes ses armées.

Il en aurait été ainsi si le congrès avait été séparé et que nous eussions traité avec les souverains un à un. Mais leur amour-propre s'échauffa, parce qu'ils étaient en présence, et mes efforts pour obtenir la paix n'aboutirent à rien.

J'aurais dû prévoir ce résultat et profiter sans retard des premiers élans du peuple, pour montrer à quel point nous étions redoutables; l'ennemi aurait pâli devant notre audace; il ne vit que de la faiblesse dans mon tâtonnement. Il avait raison; je n'agissais plus d'après mon caractère.

Mon attitude pacifique endormit la nation,

parce que je lui laissai croire que la paix était possible ; dès lors mon système de défense fut perdu, parce que les moyens de résistance restèrent au-dessous du danger.

Il fallait recommencer une révolution pour me donner toutes les ressources qu'elle crée. Il fallait remuer toutes les passions pour profiter de leur aveuglement, sans cela je ne pouvais pas sauver la France.

J'en aurais été quitte pour régulariser cette seconde révolution, comme je l'avais fait de la première ; mais je n'ai jamais aimé les orages populaires, parce qu'il n'y a point de bride pour les mener, et je me suis trompé en pensant qu'on pourrait défendre les Thermopyles en chargeant ses armes en douze temps.

Je voulus faire, cependant, une partie de cette révolution, comme si je n'avais pas su que les demi-partis ne valent rien. J'offris, à la nation, la liberté, parce qu'elle s'était plainte d'en avoir manqué sous mon premier règne. Cette liberté produisit son effet ordinaire , elle mit les paroles à la place des actions. La caste impériale se dégoûta, parce qu'elle ébranlait le système auquel elle avait attaché ses intérêts. La foule de la nation leva les épaules, parce qu'elle se souciait fort peu de la liberté. Les républicains se défièrent de mon allure, parce qu'elle n'était pas dans mon caractère.

Je mis ainsi , moi-même , la désunion dans l'État. Je m'en aperçus ; mais je comptais sur la guerre pour le rallier. La France venait de se relever avec tant de fierté ; elle avait montré tant de mépris pour l'avenir ; sa cause était si juste (puisque c'était le droit le plus sacré des nations), que j'espérais voir prendre les armes à tout le peuple par un seul cri d'honneur et d'indignation ; mais il était trop tard.

Je sentis le danger de ma position, je mesurai l'attaque et la défense ; elles n'étaient pas en proportion. Je commençai à me défier de mes moyens, mais ce n'était pas le moment de le dire.

Par un hasard malheureux, ma santé se dérangea aux approches de la dernière crise. Je n'avais plus qu'une âme ébranlée dans un corps souffrant. Les armées s'avançaient. Dans la mienne, il y avait du dévouement et de l'enthousiasme dans le soldat ; mais il n'y en avait plus dans leurs chefs. Ils étaient fatigués, ils n'étaient plus jeunes ; ils avaient beaucoup fait la guerre ; ils avaient des terres et des palais. Le roi leur avait laissé leur fortune et leurs places. Ils venaient, comme des aventuriers, les risquer de nouveau avec moi. Ils recommençaient leur carrière, et quelque amour qu'on ait pour la vie, on n'aime pas à y repasser deux fois ; c'était peut-être trop exiger de la nature humaine.

Je partis pour le quartier général ; seul contre le monde entier, j'essayai de le combattre. La victoire nous fut fidèle le premier jour, mais elle nous trompa le lendemain. Nous fûmes vaincus, et la gloire de nos armes vint finir dans les mêmes champs où elle avait commencé vingt-trois ans auparavant.

J'aurais pu me défendre encore, car mes soldats ne m'auraient pas abandonné ; mais on n'en voulait qu'à moi seul. On demandait aux Français de me livrer aux ennemis ; c'était leur demander une lâcheté pour les forcer à se battre. Je ne voulais pas un si grand sacrifice, c'était à moi à me démettre. Je n'avais pas même de choix.

Décidé à me rendre aux ennemis, j'espérais qu'ils se contenteraient des otages que j'allais mettre dans leurs mains, et qu'ils placeraient la couronne sur la tête de mon fils. Il était impossible de mettre un enfant sur le trône, en 1814; la chose était, je crois, convenable en 1815. Je n'en dis pas les motifs, l'avenir les dévoilera peut-être.

Je n'ai quitté la France qu'au moment où l'ennemi s'est approché de ma retraite.

Tant qu'il n'y a eu que des Français autour de moi, j'ai voulu rester au milieu d'eux, seul et désarmé; c'était la dernière preuve d'affection et de confiance que je pouvais leur donner. C'était un grand témoignage que je rendais à leur loyauté, à la face du monde.

La France a respecté, en moi, le malheur jusqu'au moment où j'ai quitté pour jamais son rivage. J'aurais pu passer en Amérique et promener ma défaite dans le nouveau monde, mais, après avoir régné sur la France, il ne fallait pas avilir son trône, en cherchant d'autre gloire.

Prisonnier sur un autre hémisphère, je n'ai

plus à défendre que la réputation que l'histoire me prépare. Elle dira qu'un homme, pour qui tout un peuple s'est dévoué, ne devait pas être si dépourvu de mérite que ses contemporains le prétendent.

ÉLOGE FUNÈBRE

DE

NAPOLÉON

Prononcé sur sa tombe, le 9 mai 1821

PAR

Le Maréchal BERTRAND

L'homme le plus extraordinaire, le génie le plus prodigieux qui ait jamais apparu sur la scène du monde, n'est plus...

La dépouille mortelle de celui qui vainquit tous les peuples de l'Europe, et qui, pendant quinze années, leur dicta ses lois, repose modestement à la porte d'une cabane.

C'est sur le plus affreux rocher des rives africaines, et bien loin de cette belle France, qui lui doit la plus grande partie de sa gloire et de sa prospérité, que Napoléon, le plus grand capitaine des temps anciens et modernes et naguère, le plus puissant monarque du monde, vient de rendre le dernier soupir.

La terre qui couvre ses cendres, ne sera jamais arrosée par les larmes d'un fils..... Ses amis ne pourront jamais jeter des fleurs sur le tombeau de celui qui les combla de bienfaits, et nos pleurs, (en prenant les mains de Montholond et de Marchand), sont peut-être les seuls que des Français puissent répandre sur son cercueil.

Et quel est-il donc ce proscrit, qui, jeune encore, vient d'expirer dans l'exil le plus barbare?

C'est le sauveur et le législateur de la France, c'est le restaurateur des monarchies ébranlées, de la religion désolée et du système social prêt à se dissoudre ; c'est le héros de Lodi, d'Arcole, des Pyramides, de Marengo, d'Austerlitz, d'Iéna, de Wagram, c'est le vainqueur généreux des Autrichiens, des Prussiens, des Russes et de cent autres peuples qui n'ont jamais cessé de l'estimer et de l'admirer ; c'est enfin ce même Napoléon dont tous les souverains de l'Europe briguaient l'amitié et l'alliance. Suivons-le rapidement dans l'immortelle carrière qu'il a parcourue.

Nous trouvons partout le soldat intrépide, le général consommé, l'administrateur ferme et éclairé ; nous le verrons toujours au-dessus de sa mauvaise fortune.

A peine sorti de l'adolescence, Napoléon, simple officier d'Artillerie, fait ses premières armes sous les murs de Toulon. Il étonne ses chefs par la rectitude de son jugement, et par les belles dispositions qu'il donne à ses batteries.

Il fallait chasser, de cette place importante que la trahison avait livrée, des ennemis maîtres de la mer.

Napoléon contribua puissamment au succès du siége, et fit présager ce qu'il serait un jour.

Bientôt après, placé à la tête de l'armée d'Italie, il débute en battant les Autrichiens à Montenotte, et les met en fuite partout où il les rencontre. C'est en vain qu'ils se retranchent au pont de Lodi : ce jeune héros s'enveloppant dans le drapeau de la liberté, que les foudres autrichiennes semblent respecter, force ce terrible passage à la tête de ces grenadiers de la République et, pour la cinquième fois, en moins d'un mois, met en déroute les troupes impériales. Dix autres batailles gagnées en peu de temps par le jeune Napoléon, rendent les Français entièrement maîtres de l'Italie, et cette

belle contrée reçoit une organisation sous la
protection de ses libérateurs.

Le génie étonnant de Napoléon s'est révélé
dans cette glorieuse campagne ; il est déjà plus
qu'un général hardi et heureux ; à vingt-six ans,
il est le premier capitaine du siècle, le régéné-
rateur de l'Italie, et les peuples le révèrent
comme un grand capitaine.

Bientôt après, une terre lointaine le reçoit,
avec ses braves compagnons d'armes ; il doit
conquérir l'Égypte, soustraire cette fertile contrée à la domination des Mamelucks, ruiner le
commerce anglais dans les Indes, et ouvrir une
nouvelle route à l'industrie française. Tout était
contre lui et l'Asie et l'Europe. Les Turcs et les
Anglais s'alliaient pour faire avorter cette expédition téméraire. Néanmoins, peu de mois suffirent
au génie de Napoléon pour conquérir l'Égypte
et la Syrie. Une poignée de soldats français

rendent les Pyramides et les rives d'Aboukir étonnées, témoins de leur valeur et de celle de leur chef.

Mais, pendant que Napoléon et ses immortelles demi-brigades battent les Turcs, les Mamelucks et les Arabes, la France est déchirée intérieurement par les factions, l'Autriche profite de ce moment favorable pour recommencer la guerre, l'Italie est de nouveau envahie par les troupes impériales, et les frontières de la France, même, sont menacées. Napoléon apprend les malheurs de sa patrie ; il quitte aussitôt l'Égypte, traverse les flottes anglaises et arrive en France, où il est reçu comme un libérateur.

Peu de jours lui suffirent pour détrôner l'anarchie et fonder un gouvernement plus ferme dont la France le déclare le chef.

Décoré du beau titre de premier consul de la

République Française. Napoléon réunit à la hâte quelques divisions de jeunes conscrits, traverse les Alpes au milieu de la neige et des précipices et fond, avec la rapidité de l'aigle, sur une armée victorieuse et enivrée de succès. Il l'atteint et lui livre bataille dans les champs de Marengo. C'est à Marengo que le premier consul déployant toute la tactique d'un grand capitaine, sut réparer dix fois les pertes que le nombre supérieur de ses ennemis faisaient éprouver à son armée, et c'est en conservant le plus grand sang-froid et la plus profonde sécurité qu'il arracha la victoire aux Autrichiens, et changea leurs succès en une déroute complète. L'Italie délivrée une seconde fois et la paix la plus glorieuse pour la France, furent le digne prix de cette mémorable journée.

N'ayant plus de guerre à soutenir sur le continent, Napoléon s'occupa, sans relâche, de l'organisation intérieure de la France ; il rétablit l'ordre dans les finances, fit disparaître tous les vices qui existaient dans les administrations, et rédigea les codes immortels sur lesquels se fonde le bonheur des peuples. La France, reconnaissante de tant de bienfaits, lui décerna le titre d'Empereur.

C'est alors que les aigles françaises pressant, sans relâche, les léopards britanniques, les auraient réduits aux abois, si l'or corrupteur des Anglais n'eût détourné le coup mortel qui les menaçait, en suscitant, dans le nord, une nouvelle guerre avec la France.

C'est ici que commencent toutes les glorieuses campagnes d'Allemagne, de Prusse et de Pologne, qui ont tant illustré les soldats français. Peu de mois suffirent à l'Empereur pour anéantir les armées que ses ennemis avaient réunies avec tant de peine, et envahir leurs États et leurs capitales. Les champs d'Austerlitz, d'Iéna, d'Eylau, de Friedland, de Ratisbonne, d'Essling et de Wagram, seront à jamais célèbres dans les fastes de la France. Dans moins de trois années, les armées françaises, toujours conduites par Napoléon, conquirent deux fois l'Autriche, envahirent la Prusse et ne s'arrêtèrent qu'aux confins de la Pologne. Jamais la gloire militaire de la France ne fut portée à un plus haut degré, jamais aucun peuple n'eut autant de confiance en son souverain ; il semblait être l'homme du destin, il avait su enchaîner, quinze ans, l'inconstante fortune, il avait appris à lui commander.

Sous son règne, une année était plus féconde en grands et glorieux événements, que ne l'étaient autrefois les siècles entiers ; il savait toujours renouveler l'admiration épuisée par une si longue suite de prodiges.

La guerre, qui détruit tout, semblait donner une nouvelle vie à la France ; le génie de Napoléon n'était pas seulement sur les champs de bataille ; de Vienne, de Berlin et de Tilsitt, il ordonnait ces immenses travaux qui, seuls, auraient fait la gloire d'un autre monarque.

La parfaite tranquillité dont la France jouissait au dedans, avait fait fleurir son commerce, les rives de la Seine étaient devenues la patrie des sciences et des beaux arts ; l'agriculture avait doublé ses produits. Partout de nouveaux ports, de nouvelles routes, de nouveaux canaux, rendaient les communications plus faciles, et les échanges plus actifs ; l'industrie avait reçu un tel degré de perfection que, dans aucune de ses branches, il ne nous restait plus de nation rivale.

Les finances étaient dans l'état le plus prospère, car les peuples vaincus nous versaient des subsides. La misère n'écrasait pas le peuple ; tout respirait l'aisance et le contentement ; cent monuments attestaient la gloire de la France et la grandeur du héros qui la gouvernait.

Tel fut l'état de ce vaste empire, pendant quinze ans. C'est en vain qu'on cherche à nous le représenter comme ayant toujours été plongé dans le malheur et les troubles ; jamais la France ne fut plus grande, plus riche, plus heureuse que pendant cette mémorable période.

Mais Napoléon, quelque grand qu'il fût, n'était qu'un homme : il ne pouvait être parfait. Il commit des fautes graves, et, dès lors, sa fortune lui devint infidèle.

Les éléments se liguèrent avec ses ennemis, et les plaines de la Moscovie servirent de tombeau à la plus belle et à la plus intrépide armée qui eût jamais existé. Napoléon, étonné, mesura l'étendue de ses pertes, et sans s'arrêter à les déplorer, il courut les réparer. Peu de temps lui suffit pour reparaître formidable ; les champs de Lutzen et de Bautzen le voient de nouveau vainqueur et plein de confiance. Confiance funeste qui ne lui permit pas de prévoir que ses alliés pouvaient l'abandonner dans le malheur.

Et comment pouvait-il supposer que des princes à qui il avait donné des royaumes, oublieraient ses bienfaits et deviendraient des ingrats ? Les funestes journées de Leipsick furent les suites de cet abandon..... Il ne trouva plus que des ennemis, là où il avait placé des alliés.

Forcé de venir défendre le territoire français avec les débris de son armée, il étonna, et fit pâlir vingt fois ses innombrables ennemis ; c'est dans cette belle et malheureuse campagne que Napoléon déploya toute sa tactique et son infatigable activité ; chaque jour vainqueur dans un combat, il se préparait la nuit pour combattre le lendemain sur un autre point. Quadruplant ses forces par ses savantes manœuvres, il présentait partout ses vieux soldats et se montrait partout lui-même.

Harcelant, sans cesse, des armées toujours complétées, les ayant défaites à Champaubert, à Montmirail, à Montereau, le résultat de cette campagne serait devenu funeste aux alliés, si Paris n'avait pas été livré si tôt. Les ennemis de Napoléon étaient maîtres d'une partie de la France et bivouaquaient dans les places de la Capitale ; les Français qu'ils *apprirent* à bien connaître, leur paraissaient trop redoutables sous un pareil chef, l'avenir ne leur offrait pas assez de sécurité, ils exigèrent l'abdication de l'Empereur.

Napoléon, croyant que le bonheur de la France demandait ce grand sacrifice de sa part, signa son abdication et son exil avec moins de répugnance qu'il n'aurait signé une paix honteuse.

Quelques amis fidèles, quelques vieux grenadiers le suivirent sur les rochers de l'île d'Elbe ;
là, ils admirèrent le calme et la résignation de
celui dont le nom seul était encore d'un poids
immense dans la politique de l'Europe.

Napoléon observait cette même Europe à qui
son abdication devait rendre sa tranquillité ; il
jugea, par les opérations du congrès de Vienne,
que cette tranquillité était illusoire ; il vit la
France divisée, et ses propres enfants prêts à
lui déchirer le sein ; il trembla pour elle ; il crut
que son retour empêcherait les malheurs qu'il
prévoyait et, sans en calculer les dangers, il
aborda non loin de cette même plage qui l'avait
reçu à son retour d'Égypte.

Sans doute, l'opinion des Français lui était
encore favorable, puisqu'il ne rencontra aucun
obstacle dans l'exécution du projet le plus

gigantesque et le plus téméraire qu'un homme ait jamais conçu. En vingt jours, le proscrit de l'île d'Elbe traversa la France entière suivi d'un seul bataillon, et le 20 mars le vit remonter sur le trône qu'il avait lui-même relevé. Jamais, non jamais, aucun souverain détrôné ne reprit les rênes de son gouvernement d'une manière aussi étonnante.

Mais Napoléon l'avait fait sans en avoir demandé la permission au congrès de Vienne. Les puissants monarques et les habiles diplomates, assemblés dans cette ville, qui n'avaient pu prévoir un pareil attentat, se mirent en colère contre celui qui s'en était rendu coupable ; ils crièrent tous à l'usurpation, et leurs innombrables baïonnettes furent nouvellement dirigées contre Napoléon. Fier de ses nouveaux succès et se rappelant ceux qu'il avait obtenus en guidant les Français, Napoléon crut qu'il forcerait ses ennemis à rentrer chez eux, et à ne plus se mêler des affaires intérieures de la France. Il crut pouvoir soutenir une lutte aussi inégale : il fit les plus belles dispositions, et, en deux mois, l'armée française fut triplée.

Impatient de combattre ceux qui rejetaient toute proposition de paix, il s'ébranle et court attaquer deux armées réunies, dont une seule était plus forte que la sienne.

Il obtint, d'abord, de brillants avantages; une seule bataille gagnée encore, pouvait changer la face de l'Europe, mais Waterloo vint détruire ses projets et ses espérances.

Napoléon, n'ayant pu trouver la mort dans cette malheureuse journée, dit adieu pour jamais à cette France qui lui était si chère, et termina sa vie politique en se confiant à la générosité de ses ennemis, (ici, Sir Hudson Lowe se couvre les yeux de son mouchoir).

Telle a été la courte mais étonnante carrière, parcourue par Napoléon. Quel nom militaire, quel talent politique, quelle gloire ancienne et moderne, a jamais brillé d'un éclat aussi vif? Transportons-nous dans l'avenir, regardons ce héros comme la postérité doit le voir un jour ; c'est alors que sa grandeur paraîtra pour ainsi dire fabuleuse ; c'est alors qu'on aura peine à croire qu'un seul homme ait pu, dans un aussi court espace de temps, gagner cent batailles, vaincre cent nations, changer la forme de trente États, réunir l'Italie en un seul royaume, donner de sages lois à des peuples, ouvrir cent routes nouvelles et autant de ports, édifier cent monuments admirables !.... Heureusement les codes, les routes, les ports et les monuments sont là.

Après avoir légèrement esquissé la vie du guerrier et de l'homme d'état, qu'il me soit permis de faire l'éloge de l'homme privé.

Napoléon toujours appliqué, travaillant sans relâche, n'en était pas moins d'un commerce doux et agréable. Excellent fils, bon frère, tendre époux, père affectionné, il partagea sa bonne fortune avec tous ses parents.

Il n'oublia jamais ceux qu'il regardait comme ses véritables amis et rarement ceux qui avaient bien servi la France. Il était grand et magnifique dans ses récompenses, et cependant il n'aurait jamais permis que les trésors de l'État fussent dilapidés par les courtisans.

Longtemps habitué à commander à la fortune, son âme sut néanmoins s'habituer au malheur. Traité comme le plus grand criminel et le dernier des hommes par ceux à qui il s'était volontairement livré, privé de son épouse et de son fils, se voyant arracher successivement le petit nombre d'amis qu'il lui avait été permis d'emmener à Sainte-Hélène (ici, Sir Hudson Lowe fait semblant de pleurer et se couvre de nouveau le visage), n'ayant plus aucune communication quelconque avec l'Europe, et se voyant presque rayé du nombre des vivants, Napoléon eut le courage de supporter tous ses maux.... Son âme semblait être toujours plus ferme, toujours plus grande. Atteint enfin du mal mortel qui devait le conduire au tombeau, il vit l'approche de la mort avec une résignation et une stoïcité dont lui seul pouvait être capable.

La douleur ne lui arracha jamais aucune plainte, aucun soupir. La France et son fils remplissaient toute son âme ; il en parlait encore lorsque la Parque cruelle vint trancher le fil d'une si belle vie.

Il vécut en héros et mourut en grand homme.

Les anciens Romains auraient élevé un Panthéon exprès pour y recueillir ses cendres, et nous, nous sommes forcés de les déposer aux pieds d'une cabane………

Puissent au moins les larmes et les tendres souvenirs de ses amis, le consoler de l'injustice et de la haine de ses ennemis !

AU PEUPLE FRANÇAIS

A MES LECTEURS

—

Sa Majesté l'Empereur Napoléon III a terminé l'œuvre commencée sous le gouvernement précédent.

Depuis quelques années, déjà, la France possède les cendres de Napoléon Ier, et bien des Français ont pu rendre à ses glorieux restes les hommages qu'ils méritent à tant de titres. Il manquait encore au pays la possession du terrain où s'écoulèrent les dernières années de ce génie ; aujourd'hui l'acquisition de ce terrain précieux est un fait accompli.

Il me semble que tout ne doit pas être fini, et que la nation s'associerait, sans nul doute, à l'érection d'un monument sur l'emplacement même où le cercueil de Napoléon fut trop longtemps enseveli.

Ce monument devrait être gigantesque, afin de rappeler, aux générations à venir, la grandeur de la France, et il serait,

en même temps, un témoignage éclatant de sa reconnaissance pour celui qui n'est plus et pour celui à qui elle
doit aujourd'hui la tranquillité dont elle jouit.

La nation possède tous les éléments nécessaires pour
l'accomplissement de ce vaste projet; elle a prouvé, il n'y a
pas longtemps, combien ses sentiments patriotiques étaient
encore ardents, et de tout temps elle n'a jamais hésité à
honorer la mémoire des grands hommes auxquels elle a dû
sa gloire.

L'Empereur Napoléon 1er est bien certainement le monarque le plus grand par qui la France fut gouvernée, elle
lui doit tout: sa constitution, sa religion, ses lois, ses routes,
ses ports, ses canaux et, enfin, d'être aujourd'hui encore
ce qu'elle était sous son règne, la plus grande nation du
monde.

Un moyen relatif à l'accomplissement de ce projet a été
soumis par mes soins à son Excellence le Ministre de l'Intérieur. Je n'attends plus que la haute approbation sans
laquelle il ne peut se réaliser, et je suis bien convaincu
que, si elle m'est accordée, la France entière applaudira à
cette idée, et participera unanimement à son exécution.

Profiter des bienfaits de la paix et de la prospérité de
son pays, pour honorer les grandes ombres qui ont aidé à
son élévation, c'est continuer à y maintenir les beaux sentiments qui ont toujours fait sa force.

Achille De Bast.

TABLE DES MATIÈRES.

FIN DE LA TABLE.

9 782329 220369